Palabras de sabiduría para las adolescentes

LA COLECCIÓN COMPLETA
Libros 1 al 3

Libros para ayudar a las adolescentes a vencer los pensamientos negativos, ser positivas y a construir una confianza inquebrantable

Jacqui Letran

DUNEDIN, FLORIDA

Primera edición © Deciembre 2021 por Jacqui Letran

Este libro está autorizado para tu disfrute personal y educación solamente. Nada en este libro debe ser interpretado como un consejo o diagnóstico personal y no debe ser utilizado de esta manera. La información de este libro no debe considerarse completa y no cubre todas las enfermedades, dolencias, condiciones físicas o su tratamiento. Debes consultar con tu médico sobre la aplicabilidad de cualquier información proporcionada aquí y antes de comenzar cualquier programa de ejercicio, pérdida de peso o cuidado de la salud.

Todos los derechos reservados. Ninguna parte de esta publicación puede ser reproducida, distribuida o transmitida en cualquier forma o por cualquier medio, incluyendo fotocopias, grabaciones u otros métodos electrónicos o mecánicos, sin el permiso previo por escrito del editor, excepto en el caso de citas breves incorporadas en reseñas críticas y otros ciertos usos no comerciales permitidos por la ley de derechos de autor.

Contenidos

Libro 1: 5 sencillos pasos para gestionar tus emociones

5 sencillos pasos para gestionar tus emociones 1

Pregunta 1: ¿Qué estoy sintiendo? 7

Pregunta 2: ¿Por qué me 13

siento así? 13

Pregunta 3: ¿Esta emoción es útil por alguna razón? 17

Pregunta 4: ¿Cómo puedo ver esto de forma diferente? 19

Pregunta 5: ¿Prefiero tener razón o ser feliz? 21

Más estudios de casos 27

Prepárate para recuperar tu felicidad 43

Cómo ser feliz 61

Libro 2: Lo Haría, pero MI MENTE no me deja

¿Por qué no puedes simplemente controlarte? 1

   60 segundos de lectura 4

Tu mente consciente contra tu mente subconsciente 7

   60 Segundos de lectura 23

El sistema de creencias 25

   60 segundos de lectura 34

El protocolo de lo desconocido/peligroso 35

   60 segundos de lectura 46

No soy lo suficientemente buena 49

No soy digna 59

No soy amada 69

No estoy a salvo 81

Libro 3: Libera tu confianza y aumenta tu autoestima

Introducción 1
Todo está en tu mente 5
Autorreflexión 20
El poder de las palabras 23
Autorreflexión 31
El poder de tu cuerpo 35
Autorreflexión 46
El poder de la imaginación 49
Autorreflexión 60
El poder de la valentía 63
Autorreflexión 73
El poder del perdón 75
Autorreflexión 86
El poder del amor 93
Autorreflexión 104
El poder de la perseverancia 111
Autorreflexión 120
EXTRA: Cinco sencillos pasos para liberar tus emociones no deseadas 123
Sobre el autor 127

5 sencillos pasos para gestionar tus emociones

UNA GUÍA PARA LAS ADOLESCENTES:
Cómo soltar los sentimientos negativos y crear una relación feliz contigo misma y con los demás

Libro 1 de 3
Serie Palabras de Sabiduría para las Adolescentes

Jacqui Letran

DUNEDIN, FLORIDA

Sección 1: Introducción a los 5 sencillos pasos para gestionar tus emociones

CAPÍTULO 1

5 sencillos pasos para gestionar tus emociones

¿Te sientes frustrada porque un mal acontecimiento puede arruinarte todo el día o incluso toda la semana? ¿Parece que sin importar lo que intentes hacer, no puedes deshacerte de esos pensamientos y sentimientos negativos? En vez de ser capaz de soltar las cosas con facilidad, ¿te aferras a ellas mucho tiempo después de que todo el mundo parece haberlas olvidado?

Si has respondido afirmativamente a estas preguntas, no estás sola. A muchas personas les cuesta dejar ir las cosas. En cambio, cuando algo va mal, repiten ese escenario una y otra vez en su cabeza, lo que hace que se sientan peor consigo mismas o peor con la otra persona o personas implicadas.

Piensa en la última discusión que tuviste con alguien que te haya molestado mucho. ¿Cómo fue? ¿Reprodujiste la discusión una y otra vez y te castigaste por todas las cosas que deseabas haber hecho o dicho de forma diferente? ¿Inventaste conversaciones que ni siquiera tuvieron lugar y te sentiste aún más molesta? ¿Pensaste en otras situaciones similares y caíste en una espiral de tristeza, ira o dolor?

Digamos que después de la discusión, quisiste arreglar las cosas. ¿Pudiste sacudirte esas negatividades para poder hacer lo que querías, o te pesó y frenó tu estado de ánimo? ¿Te sentiste en control de tus emociones o sentiste que tus emociones te controlaban a ti?

A muchas personas les resulta difícil deshacerse de esos sentimientos negativos, incluso cuando quieren dejar ir las cosas. Esto se debe a que no entienden cuánto poder y control tienen sobre sus emociones. Tal vez ésta sea tu situación actual.

Comprender tus sentimientos y saber qué hacer con ellos puede parecer una tarea difícil en este momento. Sin embargo, con las herramientas adecuadas, esta tarea puede resultar manejable e incluso fácil. Cuando utilices los 5 sencillos pasos descritos en este libro -que en realidad son 5 sencillas preguntas- entenderás por qué te sientes de la forma en la que te sientes, y qué puedes hacer para dejar que esos sentimientos desaparezcan. Ya no tienes que dejar que los sentimientos negativos o el mal humor te arruinen el día. En su lugar, puedes hacerte cargo de tu estado de ánimo y centrarte en crear una relación feliz contigo misma y con las personas que te importan.

La gran noticia es que, una vez que entiendas cómo utilizar estas 5 sencillas preguntas, podrás utilizarlas para ayudarte a resolver problemas con cualquier persona, ya sea un padre, un amigo, un conocido o incluso contigo misma.

Para ilustrar cómo puedes utilizar estas 5 sencillas preguntas, veamos un escenario que ocurrió entre mi cliente de dieciséis años, Amie, y su madre, Beth.

Beth está en casa esperando ansiosamente el regreso de su hija, Amie. Son las 10 de la noche, es decir, treinta minutos después del toque de queda de Amie. Amie vuelve a llegar tarde. Beth sigue mirando el reloj. Los minutos parecen horas. Beth se enfada más. Beth no puede entender por qué Amie sigue violando su toque de queda y no respeta sus reglas.

Las peleas entre Beth y Amie han ido aumentando en los últimos meses. Después de su última gran discusión, Beth castigó a Amie durante dos semanas porque esta volvió a casa tres horas tarde. Amie hizo todo lo posible por no hablar con Beth durante las dos semanas. Cuando se veía obligada a interactuar, Amie limitaba sus respuestas a una o dos palabras. La ira, la frustración y el resentimiento entre Beth y Amie siguieron creciendo.

En otra pelea, la semana siguiente, Amie le gritó a Beth, acusándola de ser poco razonable, injusta y demasiado estricta con el toque de queda. Entre sollozos, Amie le suplicó a Beth que viera que ya había crecido. Amie le pidió comprensión, confianza y respeto por su capacidad de tomar buenas decisiones por sí misma.

Como muchas de las peleas anteriores, ésta terminó con Amie marchándose enfadada a su habitación y dando un portazo mientras Beth se quedaba de pie, frustrada e impotente.

Desde la última pelea, Beth ha intentado ser más indulgente cuando Amie rompe el toque de queda. En lugar de gritarle a Amie y castigarla, Beth hace lo posible por recordarle con calma el toque de queda. Aunque Beth se siente enfadada y despreciada por dentro, por fuera mantiene el control y le dice a Amie: "No me gusta que llegues tarde a casa. Estaría bien que regresaras a casa a las 10 de la noche. Así podría confiar y respetar más tus decisiones". Al notar que su ira aumenta, Beth sale de la casa y da un paseo para calmarse. Esto ha ocurrido al menos cuatro veces en las dos semanas anteriores.

Beth cree que se está manejando bien, pero la ira y el resentimiento no han desaparecido. De hecho, han ido aumentando. Hoy, ya no puede contenerse. A medida que pasan los minutos, su ira aumenta. Beth recuerda todas las veces que Amie ha violado su confianza o ha actuado de alguna manera arrogante o desagradecida. Beth se pone furiosa. En el momento en que Amie entra en la casa, Beth le gritó a Amie, diciéndole que está harta de que le falten al respeto. Y añade: "He criado a una hija mucho mejor que tú. No sé qué he hecho para merecer esto. Eres una egoísta. No te preocupas por mí. Todo lo que haces es causarme dolor."

Amie se queda sin palabras y confundida por lo que está pasando. Son sólo las 10:40 de la noche, veinte minutos antes que las veces anteriores, cuando llegaba a casa a las 11 de la noche encontrándose con una madre tranquila y razonable.

Como puedes imaginar, ni la madre ni la hija están contentas con el intercambio. Ambas se sienten enfadadas y decepcionadas.

A lo largo de este libro, examinaremos cómo Beth y Amie utilizaron las 5 sencillas preguntas para cambiar su estado de ánimo soltando los sentimientos negativos y, en última instancia, crear una relación más feliz consigo mismas y con la otra.

RECUERDA: *Aunque son útiles, estas 5 preguntas no pretenden sustituir la ayuda profesional. Si tu situación es difícil de manejar o no sabes* *cómo proceder, habla con tus padres o con un adulto de confianza y pide ayuda.*

CAPÍTULO 2

Pregunta 1: ¿Qué estoy sintiendo?

Identificar tus emociones es un primer paso importante para gestionar tu estado de ánimo. Al identificar tu emoción, puedes evaluarla y decidir qué hacer con ella. Con demasiada frecuencia, generalizamos nuestro estado emocional como "malo" o "enojada". En realidad, sentirse "mal" tiene muchos significados. Cuando dices "me siento mal", puedes querer decir "me siento triste", o "me siento sola", o quizás "me siento ansiosa", o incluso "me siento culpable". Del mismo modo, "estoy enfadada" podría significar "estoy decepcionada", o "estoy irritada", o tal vez "estoy molesta", o incluso "estoy furiosa".

Cuando utilizas una palabra general para expresar tus emociones repetidamente, ese término (y esa emoción) se hace más fuerte y se siente cada vez más pesado. Esto hace que sea más difícil cambiar el estado de ánimo o dejar de lado los sentimientos no deseados. Cuando identificas la emoción específica, ésta se vuelve más pequeña, más ligera y mucho más fácil de soltar.

He aquí un ejemplo para ayudarte a entender esta idea con claridad. Imagina un día de mudanza: el día en que empacas tu casa para prepararla. Imagina que pones todo lo que hay en tu dormitorio (tu cama, una cómoda, un armario lleno de ropa,

7

etc.) en una caja gigantesca y la etiquetas como "dormitorio". ¿Serías capaz de mover la caja con facilidad? ¿Sería fácil o difícil encontrar rápidamente los objetos individuales dentro de esta caja? Cuando necesites recuperar un objeto y mirar dentro de esa caja, ¿te parece fácil, o te resulta abrumador o desalentador?

En lugar de una caja gigantesca, ¿qué pasaría si separaras tus pertenencias en muchas cajas pequeñas y las etiquetaras correctamente? Imagina que tienes entre 20 y 30 cajas claramente etiquetadas: ropa de invierno, zapatos, libros, juegos, etc. Si necesitas mover una de esas cajas, ¿serías capaz de moverla fácilmente? ¿Y si necesitas encontrar un par de zapatos? ¿No sería fácil tomar la caja etiquetada como "zapatos" y abrirla?

Lo mismo ocurre con tu estado de ánimo. Cuando empaquetas tus emociones bajo una gran etiqueta, permanecen desordenadas, pesadas e inmanejables. En cambio, tómate un segundo para identificar tus emociones y decidir qué quieres hacer con ellas.

Para Beth y Amie es fácil culpar a la otra persona para sentirse justificadas en su ira. Sin embargo, cuando miraron hacia su interior, descubrieron una serie de emociones y opciones para manejarlas.

Beth dijo sentirse enfadada, irrespetada, decepcionada, resentida, violada, frustrada, no querida, incomprendida, que se aprovecharon de ella y que no es apreciada.

Amie dijo sentirse confundida, enfadada, molesta, decepcionada, triste, temerosa, impotente, no querida, acusada, incomprendida y frustrada.

Beth descubrió que sus emociones más fuertes eran sentirse irrespetada y que se aprovecharon de ella, mientras que Amie se sentía confundida y frustrada.

RECUERDA: *Cuando identificas tu emoción específica, ésta se vuelve más pequeña, más ligera y mucho más fácil de soltar.*

¿Sabías que en el diccionario español hay más de varios cientos de palabras para describir las emociones? Sin embargo, la mayoría de las personas sólo utilizan entre ocho y diez palabras para describir cómo se sienten. Las palabras que escucho con más frecuencia en mi consulta cuando pido a un cliente que describa cómo se siente respecto a sus problemas son: mal, triste, enfadado, herido, decepcionado, ansioso y asustado.

Cuando usas una palabra para expresar una emoción repetidamente, esa emoción se siente grande y difícil de cambiar. Para ayudarte a soltar una emoción negativa más fácilmente, sé específica con tus palabras y desafíate a usar una etiqueta diferente cada vez. Sé creativa, diviértete y prepárate para sorprenderte al descubrir cuánto control tienes sobre tus emociones.

En las siguientes páginas hay una lista de emociones comunes. No se trata de una lista completa de todas las emociones, sino sólo de unas pocas para que pienses en las diferentes formas de expresarte. En la lista, he omitido muchas palabras que podrían hacerte sentir peor porque implican un juicio o sugieren que algo está mal en ti. La idea es que mantengas tu emoción tan ligera como puedas mientras expresas tus sentimientos. Esto ayudará a tu mente a liberarlos más rápidamente.

abrumada	aburrida	acalorada
adormecida	agitada	agobiada
agotada	agravada	agresiva
aislada	alienada	amargada
ambivalente	amenazada	angustiada
ansiosa	apenada	aplastada
aprensiva	arrepentida	asquerosa
asustada	atacada	atascada
aterrorizada	atrapada	aturdida
autoconsciente	avergonzada	bloqueada
cabreada	cansada	celosa
combativa	conmocionada	conflictiva
confundida	consternada	crédula
criticada	culpable	culpada
decepcionada	deprimida	derrotada
desanimada	desconcertada	desconectada
descontenta	descuidada	desesperada
desgastada	desilusionada	desinflada
desorganizada	desquiciada	dolida
dudosa	enfadada	enferma
enfurecida	engañada	envidiosa
equivocada	escéptica	estresada
excluida	forzada	frágil
frenética	frustrada	furiosa
golpeada	gruñóna	hastiada
herida	horrorizada	hostil
humillada	ignorada	impaciente
incierta	incómoda	incomprendida

inconveniente	indecisa	indefensa
inhibida	ineficaz	infeliz
inquieta	insegura	insultada
invalidada	irracional	limitada
loca	magullada	mal
molestada	nerviosa	obstaculizada
ofendida	perdida	perezosa
perpleja	pesada	pesarosa
pesimista	preocupada	presionada
privada	provocada	traicionada
recelosa	rencorosa	resentida
responsable	retraída	sobrecargada
socavada	solitaria	sola
sombría	sospechosa	suprimida
tensa	tímida	triste
vacilante	vacía	vigilada

Es tu turno de pensar en otras palabras que puedas utilizar para describir tus emociones negativas. Piensa en las palabras que utilizas y en las que has oído utilizar a otras personas y haz tu propia lista. Incluso puedes inventarte palabras si quieres. Tengo una clienta, Helen, que solía decir: "soy tan estúpida" cada vez que cometía un error, y esa afirmación la hacía sentirse fatal consigo misma. Después de hacer este ejercicio, Helen decidió inventarse sus propias palabras y ahora dice: "Abba tea toe tea" y se ríe cada vez que comete un error. Esas palabras que ha inventado no tienen sentido y son tan divertidas que Helen y sus amigos no pueden evitar reírse y seguir adelante. De hecho, algunas de sus amigas ahora también utilizan las mismas palabras cuando quieren aligerar las cosas.

CAPÍTULO 3

Pregunta 2: ¿Por qué me siento así?

Responder a esta pregunta te permitirá conocer tu estado de ánimo y conocerte a ti misma. Al igual que la primera pregunta, esta pregunta te permite ordenar tus emociones y te ayuda a liberar los sentimientos negativos que te frenan para que puedas centrarte en recuperar tu felicidad.

¿Cuántas veces has dicho: "No sé por qué me siento [inserta tu emoción aquí] Simplemente lo hago". O quizás has dicho: "Ahora mismo estoy muy ansiosa, pero no sé por qué".

Cuando dices "no sé por qué" en respuesta a la pregunta de alguien sobre tus sentimientos, puede ser una respuesta automática porque no quieres hablar de ello. O, tal vez, no entiendes realmente tus sentimientos porque no te has parado a examinarlos.

Cuando respondes de esta manera, básicamente estás afirmando: "Soy impotente. Mis sentimientos están más allá de mi comprensión y control". Al no entender por qué te sientes así, te conviertes en una víctima de tus sentimientos. También te colocas en una situación de impotencia para cambiarlo.

Puede que te preguntes: "Pero realmente no sé por qué me siento así. ¿Significa eso que soy impotente?". En absoluto. Si te detienes y miras hacia tu interior, encontrarás la razón de por qué te sientes así.

En la vida, sólo hay tres causas para los sentimientos de malestar, y son muy simples:
1. Expectativas no satisfechas
2. Intenciones bloqueadas: algo que te frena o impide lo que te has propuesto o lo que ha sucedido
3. Un error de comunicación o un malentendido que lleva a los números 1 o 2 anteriores

Comprender las causas de tus sentimientos de malestar te ayudará a liberarte de tu carga.

La próxima vez que tengas un desafío en tu relación, respira profundamente y pregúntate
1. ¿Cuáles eran mis expectativas en esta situación? ¿Se cumplieron?
2. ¿Fueron mis expectativas realistas para esta situación? Recuerda que el hecho de que quieras las cosas de una manera determinada, no significa que sea realista.
3. ¿Cuáles eran mis intenciones? ¿Sucedió algo que me impidió completar mis intenciones?
4. ¿Comuniqué claramente mis expectativas o intenciones a los demás?
5. ¿Comprendí las expectativas o intenciones de la(s) otra(s) persona(s)?

Cuando respondas a estas preguntas con sinceridad, encontrarás la razón de tu sentimiento de malestar. Una vez que identifiques tu emoción y la razón que la sustenta, reclamarás tu poder para hacer algo al respecto. Desde un lugar de comprensión y fortaleza, puedes decidir qué hacer que sea lo más adecuado para crear los resultados que deseas.

Beth se siente irrespetada y que se aprovecharon de ella. Después de todo, Amie conocía su toque de queda, pero continuó faltándole el respeto. Beth ha intentado evitar una pelea hablando con calma a Amie, pero en lugar de apreciar esto, Amie se aprovechó de su amabilidad y continuó mostrando una falta de atención.

Cuando Beth se detiene a reflexionar sobre las razones de su sentimiento de malestar, descubre:

1. *Esperaba que Amie cumpliera con la hora del toque de queda previamente establecida, y su expectativa no se cumplió.*
2. *Ella sentía que su expectativa era realista para esta situación.*
3. *Su intención era evitar una pelea. La continua falta de respeto de Amie le hizo difícil seguir siendo amable y comprensiva.*
4. *Se dio cuenta de que no había comunicado claramente sus expectativas. Se dio cuenta que cuando dijo: "No estoy contenta cuando llegas tarde a casa. Sería bueno que llegaras a casa a las 10 de la noche. Así podría confiar y respetar más tus decisiones", sin aplicar las consecuencias anteriores, abrió la situación a la interpretación y la confusión.*
5. *No era consciente de las expectativas o intenciones de Amie.*

Amie se siente confundida y frustrada por lo ocurrido. No entiende por qué su madre está enfurecida y la acusa de ser egoísta, de no preocuparse por ella y de causarle dolor, cuando esta noche ha tomado la decisión consciente de hacer que su madre se sienta orgullosa. Amie pensó que habían llegado a un nuevo acuerdo sobre su toque de queda después de la última pelea, cuando le rogó a su madre que le diera un poco de

margen. Desde que su madre empezó a comportarse "tranquilamente" cuando Amie llegaba a casa a las 11 de la noche, Amie asumió que esa era la nueva hora del toque de queda. Esta noche, decidió sorprender a su madre llegando a casa antes.
Cuando Amie examina sus sentimientos, descubrió que:
1. *Esperaba que su madre se alegrara de que llegara a casa veinte minutos antes de lo que lo había hecho últimamente.*
2. *Llegó a casa un poco antes de las 11 de la noche para demostrarle a su madre que podía ser responsable de sus decisiones. Estaba orgullosa de sí misma por haber tomado esta decisión y esperaba que su madre le mostrara aprecio y ánimo.*
3. *No comunicó sus intenciones o expectativas. Nunca confirmó la nueva hora del toque de queda. Sólo estaba contenta de que ya no se pelearan y de que su madre empezara a verla capaz de tomar decisiones inteligentes por sí misma.*

Amie se da cuenta de que no entendió del todo las expectativas de su madre. Aunque su madre le había dicho: "Estaría bien que volvieras a casa a las 10 de la noche", Amie decidió que sólo era una pauta, ya que no había consecuencias como antes.

CAPÍTULO 4

Pregunta 3: ¿Esta emoción es útil por alguna razón?

Muchas emociones no tienen otro propósito que el de agobiarte y mantenerte atrapada en un ciclo de miseria o dolor. Otras emociones tienen propósitos impresionantes y pueden llevarte por el camino hacia tu mejor y más feliz yo.

¿Has conocido alguna vez a alguien que sea muy sensible y que llore con facilidad cuando se enfada? ¿Y a alguien que se enfada por lo más mínimo? ¿Qué tal una persona que es tan ansiosa que le resulta difícil hacer cosas que son sencillas para la mayoría de la gente? Quizá conozcas a alguien así, o quizá ese alguien seas tú, y no sepas qué hacer. Tal vez has estado atrapada en este círculo vicioso de sentimientos pesados y negativos durante tanto tiempo que no sabes cómo salir de él. Tal vez te hayan dicho demasiadas veces que "sólo eres sensible", o que "tienes un problema de ira", o quizás te hayan dicho que "tienes ansiedad social", o que "eres una persona malhumorada".

Escuchar repetidamente etiquetas como éstas puede haber hecho que te las creas. Como crees que son ciertas, puedes pensar que eres así y que no puedes cambiarlo. Tú NO eres tus sentimientos. Tus sentimientos no definen quién eres. De hecho, puedes elegir cómo quieres sentirte en cada situación. Si tienes un sentimiento que no quieres, tienes el poder de dejar ir ese sentimiento y elegir un sentimiento más saludable y más empoderado en su lugar.

Hay muchas veces que puedes tener una emoción negativa, pero esa emoción es útil como herramienta de aprendizaje. Cuando sientas que tu emoción es útil como herramienta de aprendizaje, puedes abrazar el momento y decidir un curso de acción que te traiga los resultados que deseas. A menudo, esto también requiere que identifiques tus emociones para centrarte en las lecciones y en el resultado deseado.

En el caso de Beth y Amie, ambas decidieron que sus emociones las estaban agobiando, provocando un aumento de la tensión en su relación, y no son útiles para ningún propósito. Ambas quieren tener una relación mejor.

RECUERDA: *Tú NO eres tus sentimientos. Ellos no definen quién eres.*

Cuando tengas un sentimiento que no quieres, detente y evalúalo. Una vez que identifiques lo que sientes y por qué te sientes así, así como si ese sentimiento es útil por alguna razón, tendrás una imagen mucho más completa de lo que está pasando. A partir de ahí, puedes hacerte cargo de tus emociones para crear el resultado que deseas.

CAPÍTULO 5

Pregunta 4: ¿Cómo puedo ver esto de forma diferente?

¿Has cometido alguna vez un error del que te arrepientes y te sientes culpable? El escenario puede repetirse en tu cabeza una y otra vez, y te sientes fatal por ello. Lo siguiente es pensar en otros errores que has cometido, y el arrepentimiento y la culpa se vuelven más pesados e incluso abrumadores. Es como ver un choque de trenes frente a ti y sentirte impotente para cambiar la situación.

¿Te has dado cuenta también de que aquello en lo que te centras se hace cada vez más grande? Centrarse en un problema es como alimentarlo y darle el poder de crecer. Si no quieres que tu problema crezca, puedes elegir enfocar tu energía y atención en algo diferente. Esto puede lograrse fácilmente cuando te preguntas: "¿Cómo puedo ver esto de manera diferente?", te estás retando activamente a encontrar diferentes formas de ver la misma situación.

Es muy fácil responder a la pregunta "¿Cómo puedo ver esto de forma diferente?" con un "No lo sé" o "No hay manera de ver esta situación de forma diferente". Te animo a que uses tu imaginación, seas creativa y te diviertas ideando respuestas diferentes. Las respuestas que se te ocurran pueden ser algo muy apropiado para la situación, o pueden ser algo totalmente ridículo que te haga reír. La idea es alejar tu mente de los pensamientos y sentimientos negativos que tienes actualmente y dirigirla hacia una dirección más positiva que te permita hacerte cargo de tu situación. Recuerda que todo aquello en lo que centras tu atención se hace más grande. Tienes el poder de alejar tu atención del problema y dirigirla hacia las soluciones.

Beth se da cuenta de que no fue clara en su comunicación con Amie. Además, se da cuenta de que su repentina falta de disciplina podría enviar a Amie el mensaje de que estaba de acuerdo con la nueva hora de llegada.

Amie se da cuenta de que ha decidido convenientemente la nueva hora del toque de queda sin aclararlo con su madre. Aunque sigue creyendo que su madre exageró, Amie puede entender por qué su madre podría sentirse irrespetada y que se aprovecharon de ella.

> **RECUERDA:** *Todo aquello en lo que te concentras se hace cada vez más grande. Centrarse en un problema es como alimentarlo y darle el poder de crecer. DEJA de alimentar las cosas que ya no quieres y empieza a centrarte en lo que quieres en su lugar.*

CAPÍTULO 6

Pregunta 5: ¿Prefiero tener razón o ser feliz?

Por muy sencillo que suene, la clave de tu felicidad es simplemente elegir ser feliz en lugar de luchar, defender o presionar a la otra persona para que acepte que tienes razón.

Elegir tener la razón sólo te da una sola opción. Como tú tienes razón, la otra persona o personas están por tanto equivocadas. Es muy difícil ser feliz con esta opción porque sitúa el control y el poder fuera de ti misma. Como la culpa es de los demás, y no puedes cambiar a la otra persona, no hay nada que puedas hacer más que revolcarte en tus emociones negativas mientras tienes "razón".

Cuando eliges tener la razón, puede parecer que has ganado. Aunque hayas "ganado" la discusión, probablemente sigas sin ser feliz porque cuando fuerzas tus opiniones y pensamientos sobre alguien, no restableces el equilibrio y la armonía en la relación. La energía negativa persiste.

Cuando eliges ser feliz, te abres a opciones y nuevas posibilidades. Aunque no estés contenta al cien por cien con el resultado, puedes ser lo suficientemente feliz en ese momento. Eso no significa que tengas que conformarte. Sólo significa que, por el momento, eliges dejar de lado el sentimiento negativo y centrarte en un resultado en el que todos salgan ganando. Cuando las cosas se calmen y las emociones estén bajo control, puedes volver a sacar el tema con calma y expresar tus pensamientos y sentimientos de una manera clara que te ayude a entender tu punto de vista. Cuando te expresas con calma y claridad, es más probable que la otra persona te escuche. Es mucho más probable que consigas el resultado que buscas.

Elegir la felicidad te devuelve el poder. Te permite tomar medidas en tu favor, para que puedas mantener tu paz y evitar los sentimientos negativos. Elegir la felicidad te permite preservar y mejorar tus relaciones mientras sigues trabajando para conseguir el mejor resultado para ti y para tus seres queridos.

En el pasado, tanto Beth como Amie optaron por tener razón y se mantuvieron firmes en sus posiciones porque ambas partes veían el compromiso como una "pérdida". Ambas estaban descontentas con el resultado de sus continuas peleas y la creciente ruptura de su relación. Sin embargo, tanto la madre como la hija se sentían impotentes para cambiar la situación porque el problema era la otra persona.

Utilizando las 5 sencillas preguntas como guía, Beth y Amie decidieron dejar de lado sus emociones negativas no deseadas y trabajaron para comprenderse mutuamente y reconstruir su relación.

"¿Prefiero tener razón o ser feliz?" es la pregunta más poderosa que puedes hacerte cuando estás decidiendo qué hacer con tu emoción negativa. Esta pregunta sirve como recordatorio para elegir la felicidad. De hecho, esta pregunta es tan poderosa que puedes usarla sola la mayoría de las veces y aun así obtener el resultado que buscas. Si tienes dificultades para elegir la felicidad utilizando sólo esta pregunta, puedes volver atrás y empezar con las preguntas de la primera a la cuarta. Para cuando llegues a la quinta pregunta, tu mente estará más abierta y aceptará la felicidad.

RECUERDA: *Cuando eliges ser feliz, te abres a opciones y nuevas posibilidades.*

Sección 2:
Más estudios de caso

CAPÍTULO 7

Más estudios de casos

Veamos más escenarios de clientes reales que tuve y veamos cómo han utilizado las 5 sencillas preguntas para cambiar su estado de ánimo dejando ir sus sentimientos negativos para volverse felices. En estos escenarios, sólo presento la información pertinente relacionada con la forma en que estos clientes utilizaron las 5 sencillas preguntas. Dejé de lado la información no pertinente para evitar confusiones y mantener estos ejemplos breves y precisos.

Escenario 1: Christina y su madre, Amanda

Christina, de 17 años, llegó a casa borracha después de haber estado fuera toda la noche. Cuando su madre, Amanda, abrió la puerta y vio el estado en que se encontraba Christina, se quedó sin palabras.

Tras el shock inicial, Amanda empezó a gritarle a Christina. Al darse cuenta de que Christina estaba demasiado intoxicada para mantener una conversación, Amanda la envió a su habitación para que durmiera. Amanda planeaba hablar con Christina por la mañana cuando estuviera sobria.

Amanda ya había pillado a Christina oliendo a alcohol un par de veces ese semestre. Cuando Amanda le preguntó por ello, Christina se desentendió y dijo que sólo había probado un sorbo de cerveza. Le aseguró a su madre que ella era demasiado inteligente para beber. Amanda se sintió reconfortada por la respuesta y no insistió más. Al fin y al cabo, a Christina le iba bien en el colegio y parecía feliz en general.

Cuando Christina llegó a casa borracha esa noche, Amanda se indignó. La indignación continuó hasta la mañana siguiente, cuando madre e hija se sentaron a hablar de lo sucedido. Amanda hizo todo lo posible por mantener la calma durante la conversación.

Christina apenas hizo contacto visual durante la conversación e insistió en que no entendía cuál era el problema cuando "todo el mundo lo hace".

Christina exclamó: "Tengo diecisiete años y medio y en seis meses seré adulta y podré hacer lo que quiera. ¿Por qué no puedes ser realista y aceptar que tengo derecho a tomar mis propias decisiones?".

Al oír esto, la ira de Amanda aumentó y empezó a gritarle a Christina sin parar. Se produjo un sermón de treinta minutos que terminó con Amanda castigando a Christina durante un mes. Además, Amanda le prohibió a Christina salir con sus amigas que "también lo hacían". Para demostrarle a Christina qué tan seria era, Amanda le quitó la llave del coche y el teléfono móvil.

Christina se marchó enfadada, tiró su lámpara por la habitación y puso la música a todo volumen. Amanda se quedó asustada e insegura de cómo manejar la situación.

Amanda se encontraba en un estado de incredulidad. La consumían las preocupaciones. Preguntas como: "¿Qué camino ha elegido mi hija? ¿Cómo puede ser tan irresponsable? ¿Cómo será su vida si sigue por este camino? ¿En qué me he equivocado?" inundaban la mente de Amanda. Las imágenes de todo lo malo que podía ocurrirle a Christina mientras estaba borracha pasaron por delante de los ojos de Amanda. Las posibilidades de que Christina se hiciera daño a sí misma o a otra persona hicieron que Amanda se echara a llorar.

En las semanas siguientes, Christina intentó que su madre suavizara el castigo tratando de restarle importancia a la situación. Esto preocupó aún más a Amanda, que se convenció de que Christina no comprendía los efectos de sus acciones y las horribles consecuencias que podían tener.

Con cada intento fallido, Christina se enfadaba más y más con su madre. Su relación empeoraba día a día. Christina se volvió retraída, tanto en casa como en la escuela. Se negaba a hablar con su madre, a hacer sus tareas o a completar sus deberes. Amanda buscó ayuda porque estaba preocupada por el comportamiento de Christina y no sabía cómo resolver la situación.

Veamos cómo Christina y Amanda aplicaron las 5 sencillas preguntas para recuperar su felicidad y arreglar su relación.

Pregunta 1: ¿Qué estoy sintiendo?

Cuando Amanda examina sus sentimientos, se da cuenta de que se siente:
1. Temerosa: Tengo mucho miedo de que Cristina esté cometiendo un error horrible, y que este error pueda arruinar su vida.
2. Abrumada: Hay tanta negatividad, ira y resentimiento en la casa que no sé qué hacer.
3. Culpable: ¿Cómo no pude ver las señales de alarma? La sorprendí con aliento a alcohol en dos ocasiones e ignoré el problema. Además, este año

empezó a hacer nuevos amigos y estuvo más retraída. ¿Por qué no lo vi? ¿Por qué no intervine?
4. Inepta: Soy su madre. Soy responsable de criarla correctamente. Quizá no hice lo suficiente por ella. No estaría así si le hubiera prestado más atención.
5. Impotente: Está muy enfadada conmigo. Ni siquiera podemos tener una conversación. ¿Cómo puedo arreglar esto si ni siquiera podemos hablar?

Cuando Cristina examina sus sentimientos, se da cuenta de que se siente:
1. Indignada: Siento que es injusto. Mamá tiene una doble moral. Bebe con sus amigos todo el tiempo. De hecho, el fin de semana pasado llegó achispada a casa.
2. Enfadada: Mamá es tan injusta. Este es su problema, no el mío. Sólo me tomé un par de cervezas. ¿Cuál es el problema? Otros chicos de mi edad estaban bebiendo mucho más. Ella debería estar contenta de que sea lo suficientemente responsable como para parar con dos tragos.
3. Frustrada: ¿No puede ver que soy una adulta? Puedo tomar mis propias decisiones y ella tiene que aceptarlo.
4. Desafiante: Debería irme por mi cuenta. Ya casi tengo dieciocho años. No necesito esta mierda.

Pregunta 2: ¿Por qué me siento así?

Al analizar cada una de las emociones específicas anteriores, Amanda identificó varias áreas de expectativas no cumplidas y de falta de comunicación. Amanda se dio cuenta de que esperaba que su hija fuera lo suficientemente inteligente como para saber que el consumo de alcohol entre menores es ilegal y que no es aceptable en su casa. También esperaba que, debido a su forma de criarla, Christina adoptara los mismos valores y comportamientos. Amanda se dio cuenta de que una gran parte de su temor sobre el futuro de Christina provenía de sus propias malas decisiones cuando era adolescente.

La falta de comunicación también desempeñaba un papel importante en su problema. Amanda disciplinó a Christina porque quería que entendiera la gravedad de la situación. El objetivo de Amanda siempre ha sido ayudar a su hija a convertirse en una adulta sana, responsable y feliz. En lugar de crear una situación de aprendizaje y crecimiento, los gritos, las amenazas y los castigos sólo habían provocado un deterioro en su relación, lo que agravó aún más los problemas.

Cuando Christina se detuvo y evaluó sus emociones, también encontró varias áreas de expectativas insatisfechas y falta de comunicación. En primer lugar, Christina esperaba que su madre no le diera tanta importancia al hecho de que se emborrachara porque, en realidad, Amanda era una madre bastante buena a la que también le gustaba beber y salir de fiesta con sus amigos. Tal vez un sermón severo era necesario, pero no castigarla y quitarle su vida social durante un mes. En segundo lugar, Christina creía que, al tener casi dieciocho años, se le debía permitir tomar sus propias decisiones. Ignoró convenientemente el hecho de que es ilegal que beba hasta los veintiún años.

En cuanto a la falta de comunicación, en el momento en que fue castigada, Christina se enfadó y defendió su caso, en lugar de tomarse el tiempo necesario para entender el punto de vista de su madre. En lugar de responsabilizarse de sus actos, Christina trató de ejercer su independencia y su rabia tirando cosas por ahí e ignorando descaradamente a Amanda. Christina estaba de acuerdo en que su comportamiento agravaba el problema en lugar de resolverlo.

Pregunta 3: ¿Esta emoción es útil por alguna razón?

Aunque tanto Cristina como Amanda estuvieron de acuerdo en que estas emociones eran útiles como punto de partida para discutir y resolver sus diferencias, ambas se dieron cuenta de que no tenía sentido aferrarse al miedo, a la ira o al resentimiento. Ambas están dispuestas a trabajar para dejar ir sus emociones negativas y crear una solución feliz para todos.

Pregunta 4: ¿Cómo puedo ver esto de forma diferente?

Aunque Amanda comprendió que Christina está pasando por un periodo típico de la adolescencia, en el que beber alcohol empieza a ser "genial" para muchos, todavía se tenía que abordar la gravedad de esa decisión. En lugar de pensar y enfocarse en todos los peores escenarios sobre la destrucción de la vida de Christina, y entrar en el miedo y el agobio, Amanda podría haber utilizado su energía para idear formas efectivas de comunicarse con su hija de una manera que genere confianza y al mismo tiempo se mantenga firme en sus reglas. Amanda también podría entender el mensaje de doble moral que estaba transmitiendo al llegar ella misma a casa achispada.

Amanda le recordó a Christina que había una larga historia familiar de alcoholismo y le explicó que su miedo se basaba en gran medida en eso. Además, Amanda le reveló a Christina algunos problemas de su propia adolescencia para ayudarle a entender de dónde venía su miedo.

El hecho de que le recordaran la historia familiar y de que escuchara las historias del problemático pasado de Amanda ayudó a Christina a entender la reacción de su madre y le permitió sentirse más cercana a ella. Christina finalmente comprendió que el miedo y las reacciones de su madre provenían de un lugar de profundo amor y preocupación por su seguridad y felicidad.

Además, cuando examinó sus propias reacciones, Christina pudo ver cómo sus acciones amplificaban las preocupaciones de su madre y provocaban una mayor ruptura en su relación.

Pregunta 5: ¿Prefiero tener razón o ser feliz?

Tener una conversación honesta y abierta ayudó a madre e hija a liberar su ira y frustración. Tanto Amanda como Christina saben que les queda trabajo por delante para arreglar su relación, pero ambas se sintieron positivas y seguras al saber que pueden dejar de lado sus diferencias y reconstruir su relación.

Las 5 sencillas preguntas son una poderosa herramienta para ayudarte a entender tus emociones y resolver las discusiones o desacuerdos de una forma más positiva y productiva, una forma que preserva, e incluso mejora, las relaciones.

Escenario 2: Amanda contra Amanda

Ahora que has visto cómo se pueden utilizar las 5 sencillas preguntas para resolver las discusiones con los demás, veamos cómo puedes utilizar estas mismas cinco preguntas para ayudarte a liberar los sentimientos negativos que puedas tener contra ti misma.

Volvamos al ejemplo anterior y veamos cómo Amanda utilizó estas 5 sencillas preguntas para liberarse de sus juicios contra sí misma.

Amanda se dio cuenta de que, además de los sentimientos negativos que tenía contra Cristina, tenía una cantidad significativa de juicios contra sí misma. Estos juicios negativos sobre sí misma estaban nublando su capacidad de ser madre, haciendo que dudara de sus esfuerzos y que dudara de sus acciones. Esto la llevó a tener una mala calidad de sueño, menos energía durante el día para concentrarse en su trabajo y una infelicidad general.

Para liberarse de sus juicios contra sí misma y recuperar su felicidad, Amanda se aplicó a sí misma las 5 sencillas preguntas.

Pregunta 1: ¿Qué estoy sintiendo?

1. Temerosa: Tengo mucho miedo de que Christina esté cometiendo un error horrible, y que este error pueda arruinar su vida.
2. Abrumada: Hay tanta negatividad, ira y resentimiento en el hogar que no sé qué hacer.
3. Culpable: ¿Cómo no pude ver las señales de alarma? La sorprendí con aliento a alcohol en dos ocasiones e ignoré el problema. Además, este año empezó a hacer nuevos amigos y estuvo más retraída. ¿Por qué no lo vi? ¿Por qué no intervine?
4. Inepta: Soy su madre. Soy responsable de criarla correctamente. Quizá no hice lo suficiente por ella. No estaría así si le hubiera prestado más atención.
5. Impotente: Está tan enfadada conmigo que ni siquiera podemos tener una conversación. ¿Cómo puedo arreglar esto si ni siquiera podemos hablar?

Pregunta 2: ¿Por qué me siento así?

Amanda se dio cuenta de que muchos de sus juicios negativos sobre sí misma, el miedo y la culpa se basaban en los errores que ella había cometido cuando era adolescente. Amanda no se dio cuenta de la presión y las expectativas que había puesto en Christina porque no quería que cometiera los mismos errores.

Pregunta 3: ¿Esta emoción es útil por alguna razón?

Amanda se dio cuenta enseguida de lo perjudicial que era mantener estos juicios contra ella misma. No tiene sentido aferrarse a esas emociones.

Pregunta 4: ¿Cómo puedo ver esto de forma diferente?

Amanda se dio cuenta de que sus juicios sobre sí misma como inepta e impotente no eran ciertos y sólo servían para aumentar su agobio y su miedo. Amanda ha hecho un trabajo fantástico como madre, sacrificando mucho para que Christina pudiera tener una gran vida. Amanda se dio cuenta de que, independientemente de cómo sea ella como madre, Christina es su propia persona y cometerá errores mientras aprende a entender quién es y mientras crea su propio sistema de valores. Amanda también se dio cuenta de que podía ser mejor como madre y ayudar a Christina a tomar mejores decisiones si le explicaba las razones de sus normas, en lugar de decir "porque eso es lo que espero".

Pregunta 5: ¿Prefiero tener razón o ser feliz?

Esta fue fácil para Amanda. Eligió la felicidad para ella y para su hija.

Utilizando las 5 sencillas preguntas, Amanda se desprendió fácilmente de sus juicios negativos hacia sí misma, lo que le permitió ser más feliz y productiva, tanto en el trabajo como en casa.

Escenario 3: Kelly contra Kelly

Kelly, de 17 años, perdió su virginidad con un hombre mayor que ella que había conocido en la biblioteca hace un mes. Al principio, Kelly ignoró los intentos de Steve por hablar con ella. La persistencia de Steve dio sus frutos y empezaron a charlar cuando ella se tomaba un descanso de sus estudios. Steve era simpático y siempre se esforzaba por elogiar a Kelly tanto por su inteligencia como por su belleza. Cuando Steve le pidió a Kelly una cita, ella lo rechazó. Steve era mucho mayor y Kelly no estaba segura de la sinceridad de su actitud.

Día tras día, Steve se presentaba en la biblioteca sólo para hablar con Kelly. Nunca hubo presión, sólo charlas amistosas. Después de dos semanas de esto, Kelly decidió que estaba bien dar un paseo con él alrededor del lago junto a la biblioteca.

Kelly se sorprendió de lo bien que se lo pasó hablando con él. Steve mostró un interés genuino y se preocupó por Kelly. Hacia el final del paseo, Steve se acercó a Kelly para darle un beso. Kelly disfrutó mucho del beso y del incipiente romance entre los dos.

A la semana siguiente, Steve le confesó que no dejaba de pensar en ella y que, de hecho, se había enamorado de ella. Kelly se puso muy contenta porque sabía que también se había enamorado de Steve. Esa semana, Kelly se saltó sus estudios en la biblioteca para poder salir con Steve.

Kelly sabía que sus padres no aprobarían a Steve por su edad, así que lo mantuvo en secreto tanto para sus padres como para sus amigas. Eso hizo que todo el romance fuera aún más emocionante. Steve y Kelly compartían un secreto que sólo ellos dos conocían.

Cuando Steve le pidió que no fuera a la escuela el lunes siguiente para que pudieran pasar todo el día juntos, Kelly estaba eufórica. No podía pensar en nada más que en pasar tiempo con Steve. Él la recogió puntualmente a las siete y media de la mañana en el aparcamiento del instituto y la llevó a un hotel de lujo. Dijo que quería mimarla y darle todas las cosas especiales que se merecía.

Esa mañana, pidieron el desayuno al servicio de habitaciones, algo que Kelly nunca había hecho antes. Steve tenía mucha clase y no se parecía a ninguno de los chicos con los que Kelly había salido. Después del desayuno, fueron a la playa y recogieron conchas marinas y jugaron en el agua.

Después de comer, volvieron al hotel para acurrucarse y ver una película. Los arrumacos se convirtieron en intensos besos y terminaron con Kelly aceptando tener sexo con Steve. El día fue tan perfecto en todos los sentidos; Kelly no quería que terminara nunca.

Cuando Steve llevó a Kelly de vuelta a la escuela, la besó suavemente y le dijo que no podía esperar a verla en la biblioteca de nuevo mañana. Steve también le pidió a Kelly que pensara en cómo le gustaría pasar su próxima cita juntos.

Kelly estuvo en las nubes durante el resto del día. Repitió una y otra vez en su mente los hermosos detalles de su día romántico y de su relación amorosa.

Al día siguiente, Kelly no pudo concentrarse en sus clases. Seguía fantaseando con su próxima cita y no podía esperar a contarle a Steve lo que quería hacer.

Kelly corrió emocionada hacia las escaleras de la biblioteca justo después de las clases. Sabía que Steve estaría justo en la entrada esperándola como lo había hecho durante las últimas tres semanas. Cuando llegó a la entrada, Steve no estaba allí. Kelly esperó y esperó. Después de dos horas y un sinfín de mensajes, Steve seguía sin aparecer. Kelly estaba muy preocupada, pero sabía que tenía que volver a casa. Esta escena se repitió durante el resto de la semana. Kelly enviaba mensajes de texto ansiosos a Steve cada vez que podía. Para su consternación, no había respuesta. Kelly se dio cuenta de que se había metido tanto en el secreto de su romance que no conocía a ninguno de sus amigos ni dónde vivía. Kelly se sintió impotente. No sabía qué hacer ni con quién podía hablar. Estaba segura de que algo malo le había ocurrido a su amor. Pensó en hablar con su madre y pedirle ayuda, pero el miedo a meterse en problemas la detuvo.

Ese viernes, mientras Kelly estaba sentada en su lugar habitual en la biblioteca esperando a Steve, escuchó a una chica hablando con su amiga sobre un hombre mayor que había conocido la semana pasada. Entre lágrimas, la chica le contó a su amiga cómo ese hombre mayor la había engañado para tener sexo haciendo que se enamorara de él. Su descripción del hombre y sus acciones coincidían exactamente con las de Steve. Incluso el término cariñoso con el que Steve la había llamado: "cara de muñeca", era el mismo.

El corazón de Kelly se hundió, y supo que ella también había sido engañada por este hombre. Salió corriendo de la biblioteca llorando. Kelly estaba en estado de shock. Se dio cuenta de que la habían utilizado. Había confiado tontamente en un hombre que apenas conocía. Kelly estaba enfadada consigo misma por ser tan estúpida e ingenua. No sabía qué hacer ni a quién recurrir. Hablar con sus padres no era posible: temía las consecuencias de que sus padres descubrieran que había perdido la virginidad. Temía aún más las consecuencias de sus actos. Perdida en el especial momento romántico, Kelly había accedido a mantener relaciones sexuales sin protección. Las posibilidades de embarazo y de enfermedades de transmisión sexual la asustaban.

Durante las siguientes semanas, lo único que Kelly podía hacer era llorar y dormir. Los padres de Kelly intentaron hablar con ella, pero no les dijo nada. Por suerte, Kelly accedió a hablar con un profesional y sus padres la llevaron a buscar ayuda.

Al principio, Kelly se mostró reacia a compartir mucho. Después de tranquilizarla, Kelly se abrió y compartió lo que había sucedido. Recordó que su conmoción se convirtió rápidamente en tristeza, que a su vez se convirtió en ira. Estaba enfadada con él por haberla engañado y enfadada consigo misma por haber sido estúpida.

Kelly no creía que estuviera dispuesta o fuera capaz de dejar de lado su ira. De hecho, tenía miedo de dejar ir su rabia porque temía que la volvieran a engañar si bajaba la guardia. Después de tranquilizarla, Kelly estuvo dispuesta a utilizar las 5 sencillas preguntas para ayudarle a ser feliz de nuevo.

Pregunta 1: ¿Qué estoy sintiendo?

Cuando Kelly examinó sus sentimientos, dijo que se sentía enfadada (consigo misma y con Steve), decepcionada y temerosa de las consecuencias.

Pregunta 2: ¿Por qué me siento así?

Kelly identificó las tres causas de malestar como las razones de sus sentimientos de ira, decepción y miedo. La primera razón, y la más importante, eran las expectativas no cumplidas. Había confiado plenamente en Steve y había esperado que fuera honesto y fiel a sus palabras. Había esperado que fueran una pareja que se preocupara profundamente por el otro y que hacer el amor fuera un aspecto natural de compartir ese amor.

En cuanto a la falta de comunicación, Steve había engañado a Kelly a propósito y la había manipulado. Sin embargo, Kelly reconoció que hizo muchas suposiciones basadas en sus acciones. Ni una sola vez hablaron de ser exclusivos o de planes reales a futuro. Kelly se dio cuenta de que había idealizado mucho y había creado un romance que, de hecho, fue amplificado por su constante ensoñación. Las intenciones bloqueadas también entraron en juego para Kelly. Kelly tenía toda la intención de continuar con este romance prohibido y había ideado varios escenarios de cómo podrían hacer que esta relación funcionara. Las mentiras y el engaño de él frustraron sus intenciones de ser felices para siempre.

Pregunta 3: ¿Esta emoción es útil por alguna razón?

Al principio, Kelly creía de verdad que aferrarse a la rabia, la decepción y el miedo la ayudaría a aprender la lección y evitaría cometer el mismo error en el futuro. Después de examinar la situación más a fondo, Kelly se dio cuenta de que sólo se estaba torturando a sí misma al aferrarse a estas emociones. Se dio cuenta de que ya había aprendido la lección y estaba segura de que no repetiría el mismo error. Estas emociones negativas sólo sirvieron para retenerla y robarle la confianza y la alegría.

Pregunta 4: ¿Cómo puedo ver esto de forma diferente?

Kelly tuvo que aceptar la situación. En lugar de seguir culpándose a sí misma, Kelly decidió aceptar que había cometido un error por confiar en alguien a quien apenas conocía. Sin embargo, ese error no la convertía en ingenua o estúpida. El hecho era que este hombre mayor se aprovechaba de las chicas jóvenes. Era tan amable y atento que era difícil saber que no era sincero. Kelly estaba de acuerdo en que culparse a sí misma y aferrarse a la ira y la decepción sólo le impediría sanar y seguir adelante.

Además, Kelly podía ver el peligro potencial de guardarse esto para sí misma. Aunque Kelly sabía que eso molestaría a sus padres, también sabía lo mucho que la querían. Kelly necesitaba el apoyo y la orientación de sus padres ahora más que nunca. Al fin y al cabo, había tenido relaciones sexuales sin protección con un desconocido que probablemente estaba teniendo relaciones sexuales sin protección con otras chicas. Kelly necesitaba cuidar su salud física y también su salud emocional. Al final de la sesión, Kelly aceptó compartir toda la historia con sus padres.

En lugar de seguir viendo a sus padres como una fuente de posibles problemas, Kelly decidió ver a sus padres como verdaderos aliados.

Pregunta 5: ¿Prefiero tener razón o ser feliz?

Kelly decidió que no tenía sentido seguir castigándose. Sí, había caído en sus trucos, pero el hombre era un maestro de la manipulación. Kelly decidió que era hora de dejar de lado la ira y la decepción hacia ella misma y aceptó la situación como una poderosa lección de aprendizaje.

Kelly decidió perdonarse a sí misma y volver a centrar su energía y su atención en las cosas que le daban alegría.

Después de hablar con sus padres, Kelly se sintió aún más cerca de ellos que antes. Lo mejor de esta horrible situación fue que ayudó a Kelly a recordar cuánto la quieren y la apoyan sus padres.

Una vez que Kelly decidió liberar sus emociones negativas y centrarse en su felicidad, Kelly y sus padres buscaron atención médica y notificaron a la policía sobre Steve y sus acciones depredadoras. Al principio, Kelly era reacia a hablar con la policía porque no tenía mucha información sobre Steve y temía que no le creyeran. Sin embargo, los agentes con los que habló fueron muy comprensivos y le aseguraron que harían todo lo posible por localizar y enjuiciar a Steve. Tomar estos pasos devolvió el poder a Kelly y la ayudó a dejar de lado su miedo y a seguir adelante.

CAPÍTULO 8

Prepárate para recuperar tu felicidad

¿Estás preparada para utilizar las 5 sencillas preguntas para recuperar tu felicidad? Puedes utilizar las siguientes páginas para trabajar con algunos desafíos que estás enfrentando, para poder resolverlos de manera positiva.

ACTIVIDAD: Piensa en una pelea o desacuerdo reciente que hayas tenido y sobre el que todavía tengas una cantidad significativa de sentimientos negativos. Recuerda que esto es para ti, así que responde a las siguientes preguntas con sinceridad para ti misma. Para maximizar tus resultados, se creativa al responder a las preguntas. Ponte en el lugar de la otra persona y ve las cosas desde su perspectiva. Anota todos los detalles importantes del desacuerdo.

_____

_____

_____

_____

Pregunta 1: ¿Qué estoy sintiendo?

Para este ejercicio, es importante que te centres en tus sentimientos y no en tus pensamientos. Las palabras "pensar" y "sentir" suelen utilizarse indistintamente, pero existe una importante distinción entre ellas. El diccionario Merriam-Webster define un pensamiento como: "una idea u opinión producida por el pensamiento o que ocurre repentinamente en la mente". Mientras que un sentimiento se define como: "un estado o reacción emocional". Por tanto, un pensamiento se refiere a un proceso mental, y un sentimiento a un proceso emocional. A menudo utilizamos términos vagos para describir nuestros sentimientos, y solemos confundir los pensamientos con los sentimientos; a menudo no reconocemos nuestros verdaderos sentimientos. Así, los sentimientos tienden a esconderse bajo la superficie, escondidos tan profundamente en la parte subconsciente de tu mente que ni siquiera tú eres consciente de ellos. Si no resuelves tus sentimientos, seguirán ocultos en el fondo y afectarán a tu forma de pensar y actuar.

He aquí un ejemplo para demostrar por qué es importante diferenciar un sentimiento de un pensamiento. Digamos que tienes un fuerte sentimiento de miedo cuando se trata de serpientes. Normalmente, cuando piensas en las serpientes, piensas: "las serpientes son tan repugnantes. Se me revuelve el estómago sólo de pensar en ellas". Hoy, quieres cambiar eso, así que has cambiado tus pensamientos a: "Las serpientes están bien. Puedo pensar en ellas. No es un gran problema". Bueno, esa es una gran actitud, pero en el momento en que piensas en serpientes deslizándose cerca de ti, o que te sacan la lengua, retrocedes con miedo, se te revuelve el estómago y piensas: "Esto no funciona. Las serpientes son asquerosas".

Si cambiaras tu sentimiento de miedo a indiferente, tus reacciones serían diferentes. Cuando te sientes indiferente con respecto a las serpientes, puede que tengas pensamientos desagradables sobre ellas aquí y allá, pero puedes deshacerte fácilmente de ellos.

Dado que "sentir" y "pensar" se utilizan a menudo indistintamente, ¿cómo puedes identificar con cuál te estás enfrentando?

Recuerda que los sentimientos son estados emocionales. Algunos ejemplos de sentimientos que puedes experimentar son: enfado, tristeza, decepción, miedo, frustración, estrés, soledad, rechazo o ansiedad.

Estos son ejemplos de pensamientos que puedes tener que suenan como sentimientos:
- Siento que me ha mentido.
- Siento que se equivocó.
- Siento que nada cambiaría, así que ¿para qué molestarse?
- Siento que no sé cómo arreglar esto.

Ninguno de los cuatro ejemplos anteriores refleja un estado emocional. Todos son procesos mentales.

Una forma de comprobar si se trata de un sentimiento es sustituir la palabra "sentir" por la palabra "pensar". Si la nueva frase con la palabra "pensar" tiene sentido, lo más probable es que se trate de un pensamiento. Si la nueva frase no tiene mucho sentido, es probable que se trate de un sentimiento.

Veamos algunos ejemplos:

"Siento que soy una decepción para los demás" se convierte en "Pienso que soy una decepción para los demás". La nueva frase tiene sentido, así que es probable que sea un pensamiento.

He aquí otro ejemplo de un pensamiento que suena como un sentimiento: "Siento que no le agrado a nadie". Al sustituir "siento" por "pienso", la nueva frase se convierte en "Pienso que no le agrado a nadie". De nuevo, esta frase tiene sentido, así que se trata de otro pensamiento.

Veamos un enunciado de sentimiento verdadero: "Me siento triste". Si sustituyes "sentir" por "pensar", obtienes: "Pienso que estoy triste". La nueva frase no tiene mucho sentido, así que la frase original expresa, de hecho, un sentimiento.

Cuando te das cuenta de que se trata de un pensamiento, ¿cómo puedes ir más allá para descubrir el sentimiento que hay detrás? Para encontrar el sentimiento, pregúntate "¿y eso me hace sentir ___?" después de cada frase que hayas identificado como un pensamiento.

En el ejemplo anterior, "pienso que no le agrado a nadie", puedes añadir "y eso me hace sentir _____". Digamos que tu respuesta es: "y eso me hace sentir sola". Vamos a revisar esta frase para ver si es un sentimiento o un pensamiento.

Cuando sustituyes "sentir" por "pensar" obtienes: "y eso me hace pensar sola". Esta nueva frase tiene poco sentido. Por lo tanto, se trata de un sentimiento.

Digamos que tu respuesta fue "y eso me hace sentir que no puedo confiar en nadie". Sustituyendo "sentir" por "pensar" obtienes "y eso me hace pensar que no puedo confiar en nadie". La nueva frase tiene sentido, así que se trata de otro pensamiento.

Sigue preguntándote "¿y eso me hace sentir____?" y analizándolo hasta que identifiques tu sentimiento. Otra forma fácil de asegurarte de que estás tratando con un sentimiento es completar la frase "me siento" con una sola palabra emocional. Puedes volver a las páginas diez y once y elegir una o varias palabras de la lista que mejor describan tu estado emocional actual.

ACTIVIDAD: Escribe todas las emociones que estás sintiendo. Recuerda que debes ser lo más específica posible. En lugar de quedarte con el genérico "me siento mal". Trabaja para identificar tus verdaderos sentimientos, como por ejemplo:

"Me siento herida. Me siento molesta. Me siento desanimada". También puedes ir a las páginas diez y once e identificar tus emociones específicas.

A continuación, sustituye "sentir" por "pensar" para ver si estás realmente lidiando con un sentimiento. (Puedes saltarte esto si has identificado tus emociones en la lista de las páginas diez y once).

_____
_____
_____
_____
_____
_____
_____
_____
_____

Pregunta 2: ¿Por qué me siento así?

Cuando utilices esta pregunta con la intención de recuperar tu felicidad, céntrate en identificar con cuál de las tres causas de malestar estás tratando, en lugar de justificar tus emociones. Recuerda que las tres causas pueden estar implicadas. Aquí tienes un rápido recordatorio de las tres causas de los sentimientos de malestar:
1. Expectativas insatisfechas
2. Intenciones bloqueadas: algo que te detiene o te impide hacer lo que te has propuesto lograr o hacer realidad
3. Una mala comunicación o un malentendido que lleva al número 1 o al 2 mencionados anteriormente

Si necesitas un recordatorio más detallado de cuáles son las tres causas de los sentimientos de malestar y por qué es importante identificarlas, puedes volver a revisar el capítulo tres.

Aquí tienes un ejemplo de justificación de tus sentimientos: "Estoy enfadada porque no me ha devuelto el jersey a pesar de que se lo he pedido tres veces".

En cambio, puedes decir: "Estoy enfadada porque cuando le presté el jersey, le pedí que se comprometiera a devolvérmelo el viernes. Ella no cumplió con la expectativa que habíamos establecido".

ACTIVIDAD: Utiliza los espacios en blanco de abajo para enumerar todos tus sentimientos y las razones de los mismos.

Me siento _____ porque
_____
_____
_____
_____

Me siento _____ porque
_____
_____
_____
_____

Me siento _____ porque
_____
_____
_____
_____

Pregunta 3: ¿Esta emoción es útil por alguna razón?

Al principio, muchas personas dirán: "Sí, mi emoción negativa es útil", y dirán algo parecido a:
1. Necesito hacer pagar a la otra persona.
2. No quiero parecer débil.
3. Si los perdono, volverán a hacerlo o pensarán que soy estúpida.
4. No quiero volver a cometer el mismo error.
5. Me han hecho mucho daño y no puedo dejarlo pasar.

En realidad, aferrarse a las emociones negativas sólo te perjudica. Piénsalo. Cuando te aferras a tus emociones negativas, te sientes pesada y agobiada. Te dificulta pensar en otra cosa o divertirte. ¿Realmente quieres darle a otra persona el poder de controlar tu felicidad?

Perdonar no significa que estés de acuerdo con lo que han hecho. Perdonar significa recuperar tu poder y decir: "Soy lo suficientemente fuerte como para dejar pasar esto y poder ser libre para centrarme en lo que es importante para mí".

ACTIVIDAD: Pregúntate si esta emoción es útil por alguna razón. Si tu respuesta es afirmativa, escribe cómo te ayuda. Después, vuelve a repasar lo que has escrito y comprueba si realmente lo hace. ¿Aferrarte a esos sentimientos negativos realmente te libera y te permite hacer las cosas que realmente quieres hacer?

Si es así, ¡genial! Si no es así, tal vez sea el momento de dejarlo ir.

_____
_____
_____
_____

Pregunta 4: ¿Cómo puedo ver esto de forma diferente?

Ya sabes cómo te sientes sobre la situación, así que utiliza tu imaginación para idear formas creativas de ver la situación de forma diferente. Aquí hay varias maneras de ayudarte a cambiar tu perspectiva de forma rápida y sencilla.

1. Por un momento, ponte en el lugar de la otra persona y ve las cosas desde su perspectiva. Pregúntate: "¿Qué puede estar pasando en la vida de esta persona que le hace pensar, sentir o reaccionar así?".
2. Si eso es demasiado difícil de hacer, elige una persona o incluso un personaje inventado que admires e imagina cómo vería la situación. Por ejemplo: "¿Cómo pensaría o se sentiría mi padre ante esta situación?" o "¿Cómo pensaría o se sentiría Superman ante esta situación?".
3. También puedes imaginar que estás viendo una película y que la situación es una escena de esa película. ¿Cómo verías entonces esa situación de forma diferente?
4. Tal vez puedas fingir que tu mejor amiga o la persona que más quieres acaba de vivir tu misma situación. ¿Cómo verían la situación? ¿Qué harían de forma diferente?

ACTIVIDAD: Utiliza tu imaginación para crear tres versiones diferentes de cómo ver esta situación de forma diferente.

Versión 1:

Versión 2:

Versión 3:

Pregunta 5: ¿Prefiero tener razón o ser feliz?

Esta pregunta es difícil para muchas personas cuando la leen por primera vez porque piensan que son felices cuando tienen la razón. Hay muchas ocasiones en las que tienes razón y eres feliz. Sin embargo, cuando estás lidiando con una emoción negativa como la ira o la decepción, elegir tener la razón y aferrarte a esa emoción también significa que renuncias a tu verdadera felicidad.

Piensa en ello. Cuando eliges tener razón y te aferras a tus emociones negativas, ¿eres realmente feliz? ¿Se reconciliaron tú y la otra persona y ambos se sienten bien con el resultado o sigues teniendo una sensación de tensión o desconexión entre tú y la otra persona?

Recuerda que ser feliz no significa que te salgas con la tuya. Significa que eliges dejar de lado las diferencias o soltar tus emociones negativas para poder centrarte en crear lo que realmente quieres.

ACTIVIDAD: Pregúntate a ti misma: ¿Estoy preparada para dejar de sentirme _____ para poder ser feliz en su lugar?

Si tu respuesta es afirmativa, el siguiente capítulo podría ayudarte a recuperar tu felicidad.

Si has respondido que no, pregúntate: ¿Qué es lo que temo que ocurra si dejo de sentirme _____? Luego vuelve a responder a las preguntas del uno al cinco.

Te mereces ser feliz, y la felicidad es simplemente una elección. Siempre que sea posible, elige la felicidad para ti.

Puede que te preguntes: "Bien, he decidido ser feliz, pero no me siento mejor. ¿Y ahora qué? ¿Cómo puedo dejar pasar las cosas y seguir adelante?".

Decidir ser feliz es un paso crucial para serlo. Una vez que has decidido ser feliz, puedes empezar a actuar para lograrlo. En la cuarta sección, hablaremos de tres técnicas que puedes utilizar para recuperar tu felicidad.

NOTAS

CAPÍTULO 9

Cómo ser feliz

¿Y si, de hecho, elegiste ser feliz, pero todavía te cuesta dejar ir las cosas? ¿Qué puedes hacer?
Una forma de ser feliz es centrar tu atención y energía en hacer algo que realmente te guste. Esto le dice a tu mente que, aunque las cosas no vayan como tú quieres, sigues siendo tú quien controla tus sentimientos y puedes elegir hacer lo que te hace feliz.
Esto no es lo mismo que fingir que no estás molesta y deprimida. Esto es elegir activamente hacer lo que te gusta y alimentar esa energía positiva para ayudarla a crecer.

RECUERDA: *Aquello en lo que te enfocas se hace cada vez más grande. En lugar de centrarte en el problema, céntrate en algo que te guste y deja que esa buena sensación crezca.*

Reclama tu felicidad, opción 1:

Anota todas las cosas que se te ocurran que disfrutes hacer y que te resulten divertidas o relajantes. Piensa en cosas que te hagan sonreír, reír o te llenen de motivación, felicidad o positividad.

He aquí algunos ejemplos:

Me gusta ver vídeos divertidos de gatos, escuchar música, leer un libro, hacer ejercicio, ir a la playa, hablar con mis amigos, jugar videojuegos, bailar y hacer senderismo.

ACTIVIDAD: Haz una lista de las cosas que te gustan hacer. Piensa en todas las que se te ocurran. Cuando quieras recuperar tu felicidad, echa un vistazo a esta lista, elige una o dos cosas y haz las actividades que te gustan.

Sigue añadiendo a esta lista a medida que encuentres más cosas que te den felicidad.

Reclama tu felicidad, opción 2:

Otra opción es estar totalmente presente en tu problema. Empieza por reconocer y aceptar que las cosas no son como tú quieres. Sin embargo, en lugar de enfadarte y permitir que tus emociones te controlen, toma el control. Pregúntate: "¿Qué me gustaría que ocurriera y qué cosas son las que puedo hacer ahora mismo para avanzar en esa dirección?". Esto devuelve el poder a tus manos, ya que centras tu energía en trabajar hacia una solución en lugar de sentirte impotente o como una víctima.

Cuando no te gusta tu situación actual y quieres ser feliz, puedes elegir centrarte en las soluciones en lugar de en el problema.

El primer paso es decidir cómo te gustaría que se resolviera la situación. Estaría bien que la situación se arreglara o cambiara exactamente a tu gusto, pero lo más probable es que eso no ocurra de inmediato. Así que céntrate en tus objetivos a corto plazo.

ACTIVIDAD: Pregúntate, "¿Con qué puedo ser lo suficientemente feliz ahora mismo, sabiendo que esto es sólo un paso inicial hacia mi objetivo final?"

_____

_____

_____

_____

_____

_____

_____

_____

A continuación, pregúntate: "¿Qué cosas puedo hacer ahora mismo para avanzar hacia mi resultado deseado?"

Reclama tu felicidad, opción 3:

Otra forma de crear felicidad y centrarte en las soluciones es utilizar el método "EMPEZAR, DEJAR y CONTINUAR".

En primer lugar, debes identificar tus objetivos a corto plazo. Pregúntate: "¿Con qué puedo elegir ser lo suficientemente feliz ahora mismo, sabiendo que esto es sólo un primer paso hacia mi objetivo final?"

En segundo lugar, pregúntate: "¿Qué podría elegir EMPEZAR a hacer para ayudarme a alcanzar mis objetivos?".

Tercero, pregúntate: ¿Qué podría elegir DEJAR de hacer para ayudarme a alcanzar mis objetivos?"

En cuarto lugar, pregúntate: "¿Qué podría elegir CONTINUAR haciendo para ayudarme a alcanzar mis objetivos?"

Por ejemplo, digamos que tú y tu madre han estado peleando porque ella siente que no estás tomando en serio tus tareas escolares. Digamos también que sí te tomas en serio tus tareas escolares, pero que tienes problemas con las matemáticas y no quieres admitirlo, o no sabes cómo pedir ayuda. Tu madre está frustrada porque tus calificaciones están bajando. Te esfuerzas al máximo, pero no entiendes las matemáticas y las constantes quejas de tu madre te agobian, lo que hace aún más difícil que te concentres en tus tareas escolares.

ACTIVIDAD: Utilizando el método de EMPEZAR, DEJAR, CONTINUAR", podrías crear un plan parecido a este: (Apunta ideas o frases, no tienen que ser oraciones completas).
1. Objetivo a corto plazo: subir mi calificación de C a B en un mes
2. EMPEZAR:
    a. Pedirle al profesor ayuda extra y tareas para obtener créditos extra

b. Hablar con mi mamá para conseguir un tutor
   c. Asociarme con otros estudiantes para trabajar juntos
3. DEJAR:
   a. Dejar de procrastinar
   b. Dejar de distraerme cuando las cosas tienen poco sentido durante las clases
   c. Dejar de fingir que no me importan mis calificaciones.
4. CONTINUAR:
   a. Dando lo mejor de mí
   b. Terminando todas las tareas a tiempo
   c. Seguir comprometida con mi educación

Utiliza las siguientes páginas para identificar tus objetivos y tu plan de EMPEZAR, DEJAR y CONTINUAR.

Paso 1: ¿Cuáles son mis objetivos a corto plazo?

_____
_____
_____
_____
_____
_____
_____
_____
_____
_____
_____
_____
_____
_____

Paso 2: ¿Qué podría elegir EMPEZAR a hacer?

_____
_____
_____
_____
_____
_____
_____
_____
_____
_____
_____
_____

Paso 3: ¿Qué podría elegir DEJAR de hacer?

_____
_____
_____
_____
_____
_____
_____
_____
_____
_____

Paso 4: ¿Qué podría elegir CONTINUAR haciendo?

_____

_____

_____

_____

_____

_____

_____

_____

Una vez que hayas creado tu plan de felicidad, independientemente de la opción que elijas, el siguiente paso es seguirlo. Da pequeños pasos consistentes a diario y empezarás a crear una perspectiva más sana y feliz y hábitos positivos para ti. Como cualquier otra cosa, con la práctica, descubrirás que es mucho más fácil centrarse en soluciones positivas en lugar de aferrarse a los malos sentimientos. Ahora tienes algunas herramientas muy sencillas pero eficaces que te devuelven el control y el poder. Lo que hagas con esto depende de ti. Espero que reconozcas cuánto poder tienes sobre tus emociones. Las cosas que solían molestarte en el pasado ya no tienen que molestarte ahora porque puedes dejarlas ir. Recuerda que mereces ser feliz y que puedes conseguirlo.

Lo haría, pero MI MENTE no me deja

UNA GUÍA PARA LAS ADOLESCENTES:
Cómo entender y controlar tus pensamientos y sentimientos

Libro 2 de 3 de la
Serie Palabras de Sabiduría para las Adolescentes

Jacqui Letran

DUNEDIN, FLORIDA

CAPÍTULO 1

¿Por qué no puedes simplemente controlarte?

¿Cuántas veces gente bien intencionada como tus padres, adultos o incluso amigos te han dicho que debes dejar de pensar o sentirte de cierta manera? Te dicen que los problemas que tienes están todos en tu cabeza. Te dicen que pares de hacer de las cosas un gran embrollo, que eres muy sensible y que no hay razón para estar nerviosa o ansiosa; y aun así lo estás. No sabes qué pensar, o cómo sentirte. Te sientes tensa y nerviosa. A otros parece que se les hace tan fácil y para ti, sin embargo, ¡la vida es tan difícil e injusta!

Tu situación podría parecer tan desesperanzada y probablemente hayas incluso concluido que simplemente "naciste de esa manera", y que no hay nada que puedas hacer para cambiar.

Pero, ¿Qué pasaría si estás equivocada acerca de esa conclusión? ¿Qué pasaría si hubiera una manera para ti en la que puedas crear los cambios que desesperadamente anhelas? ¿Qué pasaría si yo te enseñar a controlar tu mente y estar a cargo de tus pensamientos y emociones? ¿Te gustaría aprender cómo hacer eso por ti misma?

Pues mira, el poder de la mente humana es increíble. Es capaz de crear experiencias trágicas y también es capaz de crear las felices y exitosas. Podría no sentirse de esa manera en este momento, pero sí puedes escoger qué experiencias de vida tendrás. Una vez aprendas maneras fáciles, pero muy efectivas, de hacerte cargo de tu mente, verás que tienes el poder de crear la vida que quieres y deseas. El poder de crear cambios positivos permanentes está a tu disposición sin importar por lo que estés pasando en este momento. Así que para de gastar tu tiempo y energía en aquellas viejas e inservibles emociones y pensamientos. Hoy es el día para cambiar tus experiencias de vida.

Este libro te enseñará a:
- Desafiar tus antiguos patrones de creencias negativas.
- Detener pensamientos y sentimientos dañinos.
- Crear experiencias de vida positivas por ti misma.
- Mantenerte calmada y en control ante cualquier situación.
- Desencadenar el poder de tu mente para crear la vida que deseas y te mereces.

El viaje hacia la felicidad de cada quien inicia con la convicción de que la felicidad es posible. Aun si tus experiencias personales te han llevado a pensar que estás destinada a tener una vida difícil, llena de estrés, ansiedad e infelicidad—te mostraré que tienes otras opciones. Puedes aprender a creer que la felicidad es posible para ti. En este libro, te mostraré cómo tomar el control de tu mente para superar tus obstáculos y problemas. Te enseñaré principios simples pero poderosos para fortalecer tus propias creencias, las cuales te lleven a una base sólida de felicidad y éxito, de manera que la próxima vez que alguien te pregunte, "¿Por qué no puedes simplemente controlarte?" puedas sonreír y agradecerle por el gentil recordatorio e instantáneamente retomar el control de tus pensamientos y emociones. Tú eres la clave para tu propio éxito y felicidad.

Ahora cierra tus ojos e imagina por un momento cuan maravillosa sería tu vida una vez hayas entendido completamente cómo controlar tus pensamientos, sentimientos y acciones. Si estás lista para hacer de ese sueño de vida tu realidad, te exhorto a que leas este libro con una mente abierta y la voluntad de intentar algo nuevo. Prepárate para ser sorprendida de lo rápido que puedes hacerte cargo de tu vida ahora.

60 segundos de lectura

1. Tienes la oportunidad de escoger las experiencias de vida que tendrás.
2. Tienes el poder de crear la vida que quieras y merezcas.
3. El poder de crear cambios positivos permanentes está a tu disponibilidad, sin importar por lo que estés pasando actualmente.
4. Puedes aprender a:
   a. Desafiar tus antiguos patrones de creencias negativas
   b. Detener pensamientos y sentimientos dañinos
   c. Crear experiencias de vida positivas por ti misma
   d. Mantenerte calmada y en control ante cualquier situación
   e. Desencadenar el poder de tu mente para crear la vida que deseas y te mereces
5. Puedes aprender a ser feliz.

Autorreflexión

Toma cinco minutos para pensar sobre cómo sería tu vida una vez puedas detener esos pensamientos negativos y, en cambio, centrarte en el lado positivo de cada situación. ¿Cómo se vería? ¿Qué harías? ¿De qué manera cambiaría tu vida? Sigue adelante y haz uso de tu imaginación y diviértete con esta autorreflexión. Escribe todas las cosas maravillosas que finalmente serás capaz de hacer. ¡Recuerda soñar en grande!

_____
_____
_____
_____
_____
_____
_____
_____
_____
_____
_____
_____
_____
_____
_____
_____
_____

CAPÍTULO 2

Tu mente consciente contra tu mente subconsciente

Para tomar control de tu mente, es importante entender las diferencias entre la mente consciente y la subconsciente, y los roles que juegan cada parte de tu mente en tu vida.

Tu mente consciente

La parte consciente de tu mente es la parte lógica. Es capaz de ver el pasado, el presente y el futuro. Resuelve problemas y almacena tus metas y sueños. Tiene libre albedrío para rechazar o aceptar conceptos e ideas.

Hay tres cosas importantes que debes saber y recordar sobre tu mente consciente:

1. Es responsable de la lógica, de la razón y de la toma de decisiones
2. Controla todas tus acciones intencionales
3. Actúa como un sistema de filtro, rechazando o aceptando información

¿Qué significa esto realmente?

La parte consciente de tu mente es la parte de la cual estás al tanto. Es la parte de tu mente que usas cuando estás aprendiendo un nuevo concepto; por ejemplo, te ayuda a aprender a manejar una bicicleta. Cuando estás en la fase de aprendizaje, estás conscientemente enfocada en cómo mantener el equilibrio, cómo pedalear, cómo seguir hacia adelante sin estrellarte con algo o perder el equilibrio y caerte. Todos esos pensamientos y acciones son trabajo de tu mente consciente—algo de lo que estás totalmente enterada. Tu mente consciente es responsable también de recolectar información, procesar datos y hacer decisiones basadas en la información que tengas a la mano. Es la parte de tu mente que toma decisiones simples como: "quiero usar ese suéter negro porque se ve bien con mis jeans". También toma decisiones más complicadas como qué universidad escogerás para aplicar basado en la trayectoria profesional que deseas.

Aunque tu mente consciente es tan sorprendente en su habilidad de recolectar, procesar y darle sentido a los datos; tiene sus limitaciones. ¿Sabías que la parte consciente de tu mente únicamente puede procesar menos del uno por ciento de toda la información que tienes disponible en cualquier momento dado?[1]

En cualquier momento dado, sólo puedes concentrarte conscientemente en menos del uno por ciento de todas las cosas que pasan dentro de ti y a tu alrededor.

Aunque pudieras procesar diez veces esta cantidad, aún estarías perdiendo el noventa por ciento de los hechos y datos que hay disponibles. Ese es un panorama bastante incompleto si me lo preguntas.

Ahora que sabes esto seguramente deberás hacerte algunas preguntas sobre tus experiencias de vida hasta ahora. ¿De qué me he perdido? ¿Qué información incluso no detecté? ¿Cuán

---

[1] Mihaly Csikszentmihalyi, Flow: The Psychology of Optimal Experience (New York: Harper & Row, 1990), 81.

diferente sería mi vida si tuviera acceso a información diferente?

Después te explicaré más detalladamente sobre este concepto y te enseñaré a utilizar este conocimiento para tomar el control de tus pensamientos y acciones para tomar el control de tu vida. Antes de profundizar en ello, hablemos sobre la mente subconsciente y sus funciones.

Tu mente subconsciente

Tu subconsciente reacciona basado en instintos, hábitos y el aprendizaje de experiencias pasadas que están programadas en lo que yo llamo: "el Plan Maestro". El Plan Maestro es un conjunto detallado de instrucciones (como el guion de una película) que le dice a tu mente subconsciente qué hacer. Tu subconsciente no tiene libre albedrío. Cualquier idea, pensamiento o sentimiento que va a la parte subconsciente se queda allí.

Hay cinco cosas importantes que debes saber y recordar sobre tu mente subconsciente:

   a. Es responsable de todas las acciones involuntarias (respirar, los latidos del corazón, etc.)
   b. Es completamente automático y sigue secuencias de comando (no tiene ideas y pensamientos propios)
   c. Almacena TODOS tus recuerdos, experiencias, información aprendida y creencias.
   d. Su función principal es mantenerte con vida y "a salvo"
   e. Tu mente subconsciente procesa información a través de ilustraciones e imágenes (o a lo que llamamos una "Representación Interna", o "RI" para abreviarlo)

> La mente subconsciente es aquella parte de tu mente que NO está en tu consciencia. Es la parte de tu mente que trabaja en silencio detrás de escena, resguardada en una esquina oscura, de manera que nadie la notará o a sus actividades.

A diferencia de la parte consciente de tu mente que puede procesar solamente hasta el uno por ciento de los datos disponibles, tu mente subconsciente es capaz de procesar el cien por ciento de cada bit de información que encuentre, ¡A cada segundo! Es correcto... tu mente subconsciente está cien por ciento al tanto de todo lo que pasa contigo y alrededor de ti, cada segundo de cada día.

El plan maestro

Cuando naciste, naciste con un Plan Maestro "pre-programado", el cual es un conjunto detallado de instrucciones y algoritmos que le dicen a tu mente subconsciente qué hacer. En tu infancia y primeros años de vida, ese Plan Maestro solamente incluye instrucciones rudimentarias, pero de gran importancia, que le dicen a tu mente subconsciente qué hacer para mantenerte viva—así como el respirar y regular los latidos del corazón. Este Plan Maestro tiene también información heredada de tus padres y antepasados en forma genética, como el color de tu cabello y ojos. Sin embargo, no naciste con el Plan Maestro para tu sistema de creencias personal, valores fundamentales o las cosas que aprenderás en el futuro. La mayor parte de la información que necesitarás para crear la mayoría de este Plan Maestro te será dada durante los primeros siete años de tu vida por aquellos que se relacionan contigo de manera regular, así como a través de tus propias experiencias de vida. Tu Plan Maestro siempre está cambiando, es un trabajo constante en progreso. Parte del plan siempre se está adaptando y evolucionando basado en tu situación actual y tus propias aspiraciones. Tu mente consciente es la encargada de añadir al Plan Maestro basándose en tus experiencias de vida. En un próximo capítulo, discutiremos en detalle de qué manera tu mente consciente programa el Plan Maestro. Por ahora, solo sepamos que hay un Plan Maestro desde el cual opera tu mente subconsciente.

Tu mente subconsciente simplificada

Para simplificar el concepto y facilitarte el acceso al poder de tu mente, quiero que pienses en tu mente subconsciente como si fuera nada más que un cuarto lleno de películas—una biblioteca de películas sobre ti misma. En tu biblioteca de películas hay cientos de miles (o incluso millones) de películas protagonizadas por ti y tus experiencias de vida; habiendo dentro de ella un dispositivo de grabación y un operador de película. La función del Operador de Película es seguir el Plan Maestro, el cual es un conjunto pre-programado de instrucciones detalladas y algoritmos provistos por tu mente consciente. De esta manera, tu mente consciente viene siendo el escritor y director, y tu mente subconsciente sería la actriz que lleva a cabo las direcciones dentro de los guiones.

El dispositivo de grabación dentro de tu mente subconsciente siempre está "encendido", grabando activamente todo lo que te sucede a cada segundo de cada día. Cada una de tus experiencias SIEMPRE—ya sea un pensamiento, un sentimiento o acción—se grabará como una película. Esa película entonces es etiquetada, clasificada y almacenada en la biblioteca de tu mente subconsciente por tu Operador de Película siguiendo a tu Plan Maestro. Ese Plan Maestro también le dice a tu Operador de Película cuando guardar o quitar una película de tu "lista de reproducción favorita" y cuándo volver a reproducir una película para ti.

Además de registrar, clasificar, almacenar y reproducir tus películas, tu Operador de Película tiene una función más importante que es protegerte y mantenerte a salvo de cualquier peligro real o percibido. Al igual que la primera función, tu mente consciente ha creado un Plan Maestro para llevar a cabo en cada situación potencial. Ahora ese es un trabajo realmente grande, y las únicas herramientas que tiene tu mente consciente para hacer este trabajo son las películas que ha estado grabando de ti y las instrucciones dentro del Plan Maestro.

¿Quién manda?

Dada la información hasta aquí presentada, ¿quién crees que es el jefe? ¿Tu mente consciente o tu mente subconsciente? Si escogiste tu mente consciente, ¡acertaste! Tu mente consciente es siempre la que manda ya que es la parte de tu mente capaz de procesar y analizar datos. Es la parte de tu mente que tiene libre albedrío para tomar decisiones y es capaz de aceptar o rechazar información; siendo también la parte que filtra información con el fin de responder al Plan Maestro.

Tu realidad existe solamente en tu mente

¿Recuerdas cuando dije que tu mente consciente solamente es capaz de procesar menos del uno por ciento, y que tu mente subconsciente es capaz de procesar al cien por ciento la información con la que te encuentres? ¿Qué significa eso realmente? Para poner las cosas en perspectiva, tu mente subconsciente recibe millones de bits de datos cada segundo. ¡Millones de bits de datos cada segundo! Detente y piensa en ello por un momento. Cada segundo de tu vida, tu mente subconsciente es bombardeada con millones de bits de datos, lo cual equivale a todas la palabras en siete volúmenes de libros de tamaño regular. Eso es mucha información para procesar por segundo.

Ahora imagina lo que sería para ti si llegaras a ser consciente de los millones de bits de datos que hay en cada segundo de tu vida. ¿Cómo te sentirías si te obligaran a procesar siete volúmenes de libros en un segundo? Tu mente consciente simplemente no es capaz de procesar esa cantidad de datos, por lo tanto tendrías una sobrecarga sensorial severa y lo más probable es que tu sistema explotaría o se apagaría. Afortunadamente para ti, todo esto ocurre en el fondo de tu mente subconsciente y no eres consciente de ello.

La parte consciente de tu mente solamente tiene la capacidad de procesar 126 bits de datos por segundo de esos millones de datos. Para hacer una comparación, volvamos al ejemplo anterior sobre los millones de bits de datos que son equivalentes a todas las palabras en siete volúmenes de libros; de estos siete volúmenes que tu mente subconsciente está procesando, tu mente consciente es capaz de procesar una palabra. ¡Una sola palabra! Esa simple palabra, cualquiera que pudiera ser, es la única que se queda en tu consciencia y es la que se convierte en tu realidad.

Quiero que te detengas y pienses lo que significa eso en realidad. Imagínate leer siete libros y que solamente entiendas una palabra, creyendo de esta manera que esa única palabra en realidad es el único tema de esos libros. ¿Hay algo que podrías estar omitiendo? El aporte importante aquí es darse cuenta de que cada uno de nosotros probablemente se está enfocando en una palabra diferente, la cual se convierte en nuestras respectivas realidades.

Tu realidad no existe en ninguna otra parte que no sea tu mente. Podrías tener una experiencia similar a la de otra persona, pero cuando la analices en pequeños detalles te darás cuenta que hay variaciones significantes.

Continuemos y probemos este ejercicio por diversión. Cierra tus ojos, cambia a otra página de este libro al azar y señala una palabra. Ahora abre tus ojos y mira esa palabra. ¿Representa esa palabra todo lo que este libro trata? Puedo asegurarte que la respuesta es no. Este libro es mucho más que solo esa palabra que has seleccionado aleatoriamente, pero eso demuestra bien cómo tu realidad consciente podría ser tergiversada por el potente sistema de filtrado de tu mente.

El centro de importancia

Así que tal vez te preguntes de qué manera tu mente selecciona esa simple palabra de los siete volúmenes de libros para hacerla llegar a tu mente consciente. En el interior de tu mente tienes una parte que se llama Sistema de Activación Reticular; este sistema es responsable de muchas funciones; pero para el propósito de este libro me centraré en su rol al crear tu realidad. Me gusta referirme al Sistema de Activación Reticular como el "Centro de Importancia" o "CI" para abreviar.

¿Recuerdas cuando mencioné el Plan Maestro anteriormente? Pues bien, el Plan Maestro se mantiene aquí en el CI y le dice a tu mente subconsciente qué tipo de información enviar a tu mente consciente. Toda tu información importante se almacena aquí —tu sistema de creencias, tus valores, tus experiencias emocionales significativas y tus situaciones de aprendizaje de importancia.

Tu Centro de Importancia es tan único como tu huella digital. No hay dos personas que tengan exactamente el mismo Centro de Importancia. Es por ello que puedes estar en el mismo evento que alguien más y tener una experiencia totalmente diferente.

De los millones de bits de datos que recibes, tu mente subconsciente los filtra a través del Centro de Importancia. La información se entrega a tu consciencia si coincide con el contenido dentro de tu CI. Si no coincide con el contenido de tu CI, tu mente subconsciente lo eliminará, generalizará o lo distorsionará para que "encaje" con tu Plan Maestro.

Para demostrarte esto en detalle, supongamos que tu mamá se compró un auto de paquete—un Honda Accord blanco. Poco después, empiezas a ver el mismo vehículo en el mismo color que el de tu mamá a donde sea que vayas. ¿Decidieron tantas personas de repente comprar el mismo auto que tu mamá? No. Probablemente esos autos han estado circulando todo el tiempo; pero no era un detalle importante para ti hasta que tu mamá compró el carro. Una vez que tu mamá hizo esa compra, los detalles del auto se almacenaron en tu CI y tu mente subconsciente recibe instrucciones para que los ponga en tu consciencia.

En este momento podrías estar súper consciente de cada Honda Accord blanco por un tiempo, pero una vez sea noticia vieja, dejarás de verlo tanto. ¿Significa esto que ese montón de gente vendió sus autos y que están fuera de circulación? No. Todo lo que significa es que, en este punto de tu vida, el Honda Accord ya no es de importancia para ti, es por ello que esta información no se entrega a tu mente consciente cada vez que veas el auto.

Ahora es importante mencionar que el CI tiene parámetros, o instrucciones, de corto y largo plazo los cuales está siguiendo. Los parámetros a corto plazo son cosas que podría ser importantes para ti en este momento, por un breve periodo— como qué está de moda o la novedad de una canción. Puede que dure unos días, unas semanas o incluso meses, pero los parámetros de corto plazo tienen una fecha límite.

Los parámetros de largo plazo permanecen contigo por largos periodos de tiempo. Muchas veces se quedan contigo permanentemente a menos que deliberadamente decidas eliminar esos parámetros. Estos parámetros pueden ser tan simples como actividades aprendidas así como andar en bicicleta, o más complejas como tu sistema de creencias personal.

El asistente personal que no sabías que tenías

¿No te gustaría tener un asistente personal que esté 24/7 ahí para ti? ¿Cuán asombroso sería tener no sólo un simple asistente, sino también uno que espere ansiosamente tus órdenes y que obedezca dichas órdenes sin cuestionarte? Eso suena increíble, ¿no?

Ahora, ¿qué tal si te dijera que en realidad ya tienes ese asistente personal pero que le has estado dando malas órdenes? Ordenes que te están dando los resultados que estás experimentando ahora mismo; dichos resultados que ya no quieres. ¿Te gustaría aprender más sobre tu asistente personal y, más importante, aprender a ordenarle que te dé los resultados que deseas?

Es posible que ya hayas adivinado que tu mente subconsciente es tu asistente personal. La función de tu mente subconsciente es darte cualquier experiencia que busques en la manera más fácil y rápida posible.

Lo que posiblemente no sepas, es que cada pensamiento o sentimiento que tengas es un comando para que tu mente subconsciente te dé más de los mismos.

Así es, cada pensamiento o sentimiento que tengas es una orden para tu mente subconsciente, "Esto es lo que quiero. ¡Dame más de ello!"

Así que si dijeras: "Estoy muy estresada", tu mente subconsciente lo escuchará como un comando: "Quiero estar estresada. Busca evidencias que sustenten por qué debería estresarme. Dame más razones para sentirme estresada". Una vez le hayas dado ese comando a tu mente, tu mente subconsciente inmediatamente se pondrá a trabajar buscando detalles estresantes a tu alrededor. Dichos detalles podrían ponerte tenso al ser empujados en tu CI, haciendo de esta manera que tu conciencia sepa sobre todos esos detalles y se estrese aún más. Además de eso, tu mente subconsciente también buscará en tu biblioteca de películas algunas que sean estresantes para reproducirlas en tu segundo plano. Tú eres la jefa, así que cuando pidas estrés, tu mente subconsciente estará feliz de brindártelo.

¿Te empieza a sonar familiar? ¿Cuántas veces te has sentido estresada por algo y entonces comienzas a tener pensamientos estresantes sobre algo y muy pronto te sientes abrumada por el estrés y otros sentimientos negativos? Esto se debe a que cualquier cosa en la que te concentres se incrementa.

Al enfocarte en cualquier cosa, le estás diciendo a tu mente subconsciente que te dé más información sobre eso. Es como alimentar a un monstruo con comida y verlo crecer sin control justo delante de tus propios ojos.

La buena noticia es que el proceso funciona de ambas direcciones; es decir, que cuando te enfocas en algo positivo, lo positivo también se incrementará. Así que si estás estresada, puedes escoger centrarte en estar calmada. Recuerda que tienes un asistente que obedecerá cada orden tuya, así que úsalo para tu beneficio. En momentos estresantes puedes decirte a ti misma: "Aunque me sienta estresada, elijo estar calmada". Di: "elijo estar calmada" muchas veces para captar la atención de tu asistente, porque este puede ser un nuevo comando. Después de decirlo tres veces, comienza a repetir una y otra vez: "Estoy calmada. Estoy calmada. Estoy calmada". Al repetir "Estoy calmada", imagínate haciendo algo que te tranquilice, ya sea leyendo un libro, estar acostada en la playa o tomando un baño relajante. Cuando sigues estos pasos, lo que haces es decirle a tu asistente: "Aunque estoy estresada, elijo estar en calma. La calma se parece a esto. Ve y busca eso para mí. Dame más de ello". Esto le hace mucho más fácil a tu mente subconsciente el brindarte tranquilidad.

Sin importar qué emoción negativa sientas, te recomiendo que le des a tu asistente el comando de darte tranquilidad; ya que es un maravilloso lugar para estar. Estar en calma es como reiniciarse; desconecta las antiguas imágenes negativas de manera que tienes una pantalla en blanco. Desde un lugar tranquilo es más fácil observar la situación actual por lo que es en realidad y tomar las decisiones que mejor se adapten a tus necesidades.

Ya sea que elijas enfocarte en los aspectos negativos o positivos de cualquier evento, tienes que gastar energía en esos pensamientos. ¿Por qué entonces no centras tu energía en poderosos pensamientos positivos que crearán los resultados que estás buscando?

¿Qué tiene google que ver con tu mente?

Tenemos ahora otro detalle que posiblemente no sabías. Es realmente importante dar órdenes de manera efectiva a tu mente subconsciente. Tu mente subconsciente es también como un motor de búsqueda de Google. Independientemente de lo que escribas en la barra de búsqueda y presiones *Enter*, obtendrás resultados que coinciden con esa solicitud de búsqueda.

Al igual que el motor de búsqueda de Google, tu mente subconsciente no puede procesar comandos negativos. Cuando le des un comando negativo a tu mente subconsciente, simplemente ignorará la parte negativa de eso y se enfocará en la parte restante del comando.

Esto es debido a la Representación Interna (o RI) que mencioné al principio cuando hablamos de la mente subconsciente.

¿Recuerdas cuando dije que tu mente subconsciente procesa información creando imágenes y películas? Cuando digo: "Piensa en derramar leche", ¿qué imagen te viene a la mente? Esa es la manera en la que tu mente subconsciente entiende esas palabras. Ahora, si yo dijera: "No derrames la leche", ¿qué imagen te viene a la mente? Probablemente no puedas formar una imagen de "No derrames la leche". Lo que podría aparecer a cambio sería una imagen de ti sosteniendo cuidadosamente una taza, un vaso o algo parecido. Eso no es lo mismo que "No derrames la leche". Esto se debe a que tu mente subconsciente, al igual que el motor de búsqueda de Google, no puede procesar negativos. No puede hacer una RI de un "no hagas" o un "no".

Con Google, si escribes en la barra de búsqueda "No me encuentres zapatos azules" y presionas Enter, Google te dará toneladas de cosas relacionadas a zapatos azules, ignorando completamente la parte del "no".

Ve e inténtalo por ti misma. Has una búsqueda en Google usando "no" y mira qué resultados obtendrás. Mejor aún, hagamos un simple experimento ahora. ¿Lista? Aquí vamos. Mi comando para ti es: "No pienses en un elefante naranja". ¿Qué pasó? La primera cosa en la que pensaste fue en un elefante naranja, ¿no es así? Cuando te diste cuenta que estabas pensando en un elefante naranja, puede que trataras de forzarte a pensar en el elefante en un color diferente o pensar en algo más, completamente diferente. Es bastante interesante, ¿no?

Puede que estés teniendo ciertos momentos "ajá" justo ahora. Piensa en la última semana o dos, y considera qué comandos le has estado dando a tu mente subconsciente que te están haciendo tener algunos de tus sentimientos o experiencias negativas.

Ahora que eres consciente de cómo interpreta las instrucciones tu mente subconsciente, procura estar muy consciente de los pensamientos y sentimientos que tienes. Si los pensamientos o sentimientos son negativos, puedes elegir de manera diferente; es aquí donde la instrucción "Yo elijo estar calmada" se vuelve útil. Ese pensamiento le permite saber a tu asistente que has escogido estar calmada en vez de enojada o estresada, o cualquier cosa que puedas haber estado sintiendo.

RECUERDA, *eres quien manda y tu mente subconsciente es tu asistente. Así que si te atrapas a ti misma dándole un pensamiento negativo o una mala orden a tu mente subconsciente, haz algo al respecto. Tu asistente llevará a cabo cualquier comando que le proporciones, a menos que conscientemente lo revises.*

Digamos que tu mamá está haciendo la cena. Ella preguntó si prefieres pollo o pescado. Dijiste pescado, pero inmediatamente cambiaste de opinión a pollo. Cuando te diste cuenta de esto, lo más probable es que te corrigieras y le dijeras a tu mamá que querías pollo. Dudo que solamente te quedaras ahí sentada y esperaras que ella leyera tu mente y prepare pollo a cambio.

Puedes hacer lo mismo con tu mente subconsciente. Digamos que pensaste: "estoy demasiado enojada para concentrarme ahora", y te sorprendes a ti misma diciendo eso. En lugar de simplemente dejarlo pasar, puedes decir: "Ups, quiero decir, estoy dispuesta a concentrarme". O puedes decir: "Borra o elimina eso", o frases parecidas para decirle a tu mente subconsciente qué quieres hacer con la información incorrecta. Podrías decir también: "Tengo el control de en qué me concentro". Desde luego, el "Yo elijo estar calmada" funciona perfectamente aquí también. Los comandos como estos son bastante poderosos porque le dicen a tu mente subconsciente lo que quieres exactamente.

60 Segundos de lectura

1. Tu mente consciente es la parte lógica que aprende, piensa y toma decisiones.
    a. Utilizas esta parte de tu mente para enfocarte en detalles y ser consciente de cosas.
    b. Solamente puedes enfocarte en el uno por ciento de lo que sucede dentro de ti y a tú alrededor en cualquier momento dado.
2. Tu mente subconsciente es como un programa que se ejecuta automáticamente en el fondo de tu mente.
    a. No tienes consciencia de, ni puedes enfocarte en el programa automático de tu mente subconsciente.
    b. Tu mente subconsciente es capaz de procesar el 100 por ciento de lo que sucede en tu interior e inmediatamente a tu alrededor.
3. Tu "Centro de Importancia" o "CI" son los programas automáticos de tu mente subconsciente.
    a. Es aquí donde tus creencias y otra información de importancia se almacena.
    b. Tu mente subconsciente está programada para buscar evidencias que sustenten lo que está en tu CI.
    c. El CI también es único. Nadie más tiene exactamente el mismo CI que tú; lo que también significa que nadie más siente las cosas de la misma manera que tú lo haces.
4. Tu mente subconsciente es tu Asistente Personal, y tú eres la jefa.
    a. Está programada para darte la experiencia que pidas en la manera más fácil y rápida posible.

b. Problema: Cada pensamiento que tienes, cada sentimiento que sientas, es un comando para tu mente subconsciente, "Esto es lo que quiero, ¡dame más de eso!"

5. Tu mente es como un motor de búsqueda de Google. No puede procesar comandos negativos.

   a. Cuando des una orden negativa, como "No te enojes", tu mente subconsciente ignorará el "no" y llevará a cabo el resto de la orden.

   b. Solución: Da a tu mente órdenes claras y positivas de lo que verdaderamente quieres. En lugar de decir, "No quiero estar enojada", puedes decir, "Elijo estar calmada".

CAPÍTULO 3

El sistema de creencias

Creencia:

1. La aceptación de que una declaración es verdadera o que algo existe.
2. Algo que se acepta como verdadero o real; una opinión o convicción que se sostiene firmemente.

¿Sabías que la mayor parte de tu sistema de creencias se desarrolló desde el momento en que naciste hasta casi los siete años? ¿Sabías también que la mayoría de tu sistema de creencias no lo decidiste tú, sino que en realidad te fue dado por alguien más?

Quiero que te detengas y pienses en eso por un momento. La mayor parte de tu sistema de creencias sobre quién eres y todo lo que te rodea te fue dado desde que naciste hasta la edad de los siete años.

¿Por qué desde tu nacimiento hasta los siente años? Durante esta parte de tu crecimiento y desarrollo, tu mente subconsciente está completamente formada y funcional. Sin embargo, tu mente consciente está empezando a formarse y aún no está totalmente en condiciones de funcionar. Es por esto que los niños pequeños creen en todo lo que ven y escuchan. El Conejo de Pascua, Santa Claus y el Ratón de los Dientes, todas fueron completamente reales para tu yo más joven porque tu mente consciente no estaba lo suficientemente formada para decir: "No, eso no es real".

La invención de creencias

Hay maneras principales para desarrollar una nueva creencia y estas son:
1. Evidencia: Esta es una decisión racional basada en causa y efecto. Por ejemplo, cada vez que rompes el toque de queda, te castigan. Te harás la idea de que romper el toque de queda dará como resultado que seas castigada.
2. Tradición: Esto está basado en tus valores familiares y culturales. Por ejemplo, te criaron en una familia católica; por lo tanto tu sistema de creencias tendrá muchas facetas de las enseñanzas católicas.
3. Autoridad: Esto se basa en lo que las personas que juegan un rol respetado te enseñen o te digan de algo. Un ejemplo sería que tu doctor te diagnostique con depresión, es por ello que creerás que tienes depresión.
4. Asociación: Esto se basa en las personas con las que te relacionas. Por ejemplo, si pertenecieras al Club Mensa (que es una asociación internacional de superdotados) y te relacionaras con una gran cantidad de persona intelectuales, podrías creer que la inteligencia tiene gran valor.
5. Revelación: Esto se basa en tus presentimientos, percepciones e intuiciones. Por ejemplo, algunas veces solo tienes un presentimiento de "No confío en esta persona", aunque posiblemente no sepas por qué.

Pues bien, tu mente subconsciente registra cien por ciento de todo, pero eso no significa que todo lo que te suceda se vuelva parte de tu sistema de creencias. Al principio, cuando aún no tienes un Plan Maestro para las nuevas ideas o un sistema de creencias, tu mente subconsciente solamente registra tus sucesos debido a que aún no tiene una etiqueta para dichos eventos; ni hay manera para ella de ordenarlos y categorizarlos todavía. Todo lo que tu mente subconsciente registre hasta entonces, se almacena en una categoría "general". En tu biblioteca de películas hay, de hecho, muchas categorías de creencias, parecidas a "género" o "tipo" de películas. Los cuatro tipos principales de películas son:

1. Instruccional: Estas son cosas que has aprendido a hacer, como andar en bicicleta o tocar guitarra.
2. Factual: Estas son cosas que has aprendido a aceptar como verdaderas, así como los diferentes colores o tu fecha de nacimiento.
3. Emocional: Estas son las experiencias que has tenido y lo que éstas significan para ti específicamente.
4. General: Aquí es donde todas las películas variadas van.

Veamos cómo se puede hacer una película instructiva. Imagina que eres una bebé de ocho meses intentando aprender a usar una cuchara. Si has visto a un bebé aprender a usar una cuchara, sabes qué tan desastroso es ese proceso. A menudo el bebé se unta comida en la barbilla y sus mejillas, o se la derrama completamente encima. Esto se debe a que todavía no hay un video instruccional en la biblioteca de su mente subconsciente que le diga cómo alimentarse adecuadamente.

La primera vez que intentaste alimentarte por ti misma, tu mente subconsciente grabó el suceso y guardó esa película en la categoría general de tu biblioteca. La segunda vez que intentaste alimentarte por ti misma, tu mente subconsciente nuevamente lo registró y almacenó en la categoría general. La tercera vez que lo intentaste, tu mente consciente puede que haya reconocido el patrón de datos y le dijera a tu mente subconsciente que los ordene y almacene juntos. Una vez sepas cómo usar una cuchara para comer por sí sola, se convertirá en un video para "Alimentarse a sí misma con una cuchara". La próxima vez que comas por ti mismo, tu mente subconsciente te reproducirá esa película en el fondo y podrás fácilmente alimentarte sin pensar en ello.

Ahora, conscientemente, muchas cosas estaban pasando simultáneamente para que tu mente subconsciente ordenara y categorizara esa película. Tal vez tu mamá decía: "Hoy vamos a aprender a usar una cuchara" o algo parecido cada vez que te daba una cuchara. Con reiteración, conscientemente aprendes cuando tu mamá dice: "Hoy vamos a aprender a usar una cuchara" y te da un objeto; ese objeto se llama cuchara y se usa para poner comida en tu boca. Entonces usas esta información para crear tu video instructivo.

Los principales sistemas de creencias se crean de forma muy similar, ya sea a través de un solo evento emocional significativo o a través de repeticiones de varios eventos emocionales de baja intensidad.

Eventos emocionales significativos

Ahora imagina que tienes tres años y estás jugando en un cuarto. Como la mayoría de los niños de tres años, estás haciendo un gran desorden tirando cosas por todos lados y pasando un buen rato. Tu mamá entra al cuarto, ve el desorden y se enoja contigo. Posiblemente te hace dejar de jugar y además que limpies tu cuarto. Puede que te grite o, si estuvieras en una situación de maltrato, te golpee en la cabeza, te patee o algo parecido.

Definitivamente esto es un evento emocional significativo para tu yo de tres años. Simplemente estabas divirtiéndote en tu cuarto cuando tu mamá, repentinamente, se llevó tus juguetes, te pegó en la parte trasera de la cabeza y te gritó: "Eres una niña mala. ¡Limpia tu cuarto ahora!" No tienes una idea completa de lo que sucedió. Todo lo que sabes es que tu diversión se detuvo, tu mamá está enojada y estás afligida. Debido a que este evento fue tan traumático y el dolor fue significativo, tu mente subconsciente inmediatamente acepta esto como un hecho, y uno o más sistemas de creencia se crearon.

Algunas de las posibles creencias que se podrían desarrollar de este incidente son:

1. Divertirte es malo. Cuando me divierto, me castigan.
2. Soy una niña mala. Hice que mi mamá se enojara.
3. Soy inservible. No hay nada que pueda hacer para arreglar esto.
4. No me aman.

Todas estas y otras creencias potenciales se convierten en parte de tu Plan Maestro con instrucciones y estrategias de cómo evitar este tipo de dolor en el futuro.

Al mismo tiempo, tu mente subconsciente registra el evento entero, lo etiqueta y lo archiva bajo todas las creencias aplicables. Entonces debido a que hay instrucciones en el Plan Maestro sobre este evento, esta película se coloca inmediatamente en el CI. Tu mente subconsciente ahora está programada para buscar evidencias de estas creencias y asegurarse de que cualquier cosa que se relacione con estas creencias le sea inmediatamente entregada a tu consciencia.

Eventos emocionales repetitivos
de baja intensidad

Imagina nuevamente que eres una niña de tres años, jugando en tu cuarto y haciendo un gran desorden. Tu mamá entró al cuarto, vio el desorden y dijo en una voz suave pero severa: "Mira ese desorden. Eres una niña mala". Posiblemente se lleve tus juguetes o puede que te haga recogerlos. En cualquier caso tu diversión fue interrumpida.

Ahora, las emociones apegadas a este evento son realmente de baja intensidad. Puede que te hayas enojado, pero no fue un evento emocional significativo. Aun así, tu mente subconsciente registró todo y archivó esta película en la categoría general de tu biblioteca.

Bien, si esto pasara una y otra vez, se vuelve una historia distinta. Así que digamos que aconteció exactamente el mismo escenario tres días después. Tu mente subconsciente hace el mismo registro y lo envía junto con el primer registro. Aun así, todavía, eso aún no es tan importante; sin embargo, digamos que pasó nuevamente dos o tres veces más. Tu mente consciente puede decidir creer:

1. Divertirse es malo. Cuando me divierto me castigan.
2. Soy una niña mala. Hago infeliz a mi mamá.
3. Soy inservible. Quiero jugar, pero mi mamá no me dejará.

Al igual que con el ejemplo del evento emocional significativo, si esto pasa repetidas veces, tu mente consciente incluiría estos datos en tu Plan Maestro, diciéndole así a tu mente consciente que busque pruebas que apoyen estos sistemas de creencias. Recuerda, las creencias se crean ya sea cuando tengas un evento emocional significativo o si algo continúa pasando una y otra vez.

Aquí, toma esta creencia y hazla tuya

Anteriormente dije que la mayoría de tus creencias te fueron dadas. ¿Cómo es eso posible y por qué ese es el caso? De nuevo, desde tu nacimiento hasta la edad de siete años, tu mente consciente todavía no está totalmente formada y funcional. Si escuchas algo muchas veces, especialmente si es de aquellos que amas o tienen autoridad sobre ti, creerás que lo que dicen es cierto. Por ejemplo, si hubieras crecido en una familia pobre y escucharas a tus padres pelear constantemente por dinero o los oyeras decir cosas como: "Es muy difícil ganar dinero", o "Esos ricos codiciosos..."; probablemente harías un sistema de creencia de:

1. El dinero hace que las personas peleen.
2. Es difícil ganar dinero.
3. La gente rica es codiciosa.

De manera parecida, si crecieras con una madre enojada que odia a los hombres y constantemente te dijera: "No puedes confiar en los hombre", "Todos son unos cerdos", o "Todos los hombres son controladores", también creerías que estas generalidades sobre los hombres serían verdaderas.

RECUERDA, *las creencias se hacen ya sea cuando tengas un evento emocional significativo o cuando algo continúa pasando una y otra vez.*

Buscando evidencias

Supongamos que el incidente con la niña de tres años que mencioné anteriormente te sucedió y ahora tienes una creencia de "Soy una niña mala". Una vez esta se grabó, es colocada en tu CI, tu mente se dirige a buscar evidencias que apoyen ese sistema de creencia para el resto de tu vida. Llevarás tu sistema de creencias contigo a donde sea que vayas. Es como llevar una canasta por el resto de tu vida para buscar evidencias y ponerlas allí dentro. Si un amigo, tío o tía te dice, "Eres una niña mala", tomarás esta información y la pondrás en tu canasta para validar tu sistema de creencia. Lo mismo pasa con cualquier comentario de alguien más que se relacione con el sistema de creencias.

Muy pronto, estarás llevando una canasta llena de evidencia que corrobora el que seas una mala persona. Se siente pesado, molesto y abrumador el tener que llevar esta carga extra a donde sea que vayas. Te cansas, y no tienes la energía o la motivación para hacer lo que deseas.

Debido a que tienes un sistema de creencias de "Soy una niña mala" en tu CI, tu mente subconsciente solamente desplazará en tu consciencia los datos relacionados a ese sistema de creencias. Si alguien dice: "Eres una persona sorprendente", probablemente no lo escuches en absoluto, o lo escuchas pero no le crees. De hecho, incluso podrías intentar probar que esa persona está equivocada.

Un buen ejemplo de esto es pensar en alguna vez que alguien te haya dicho un simple cumplido que te haya hecho sentir mal. ¿Cómo respondiste? Probablemente no dijiste nada porque no sabías cómo reaccionar ya que no creíste lo que te dijeron. Puede que hayas desviado ese cumplido, o le hayas dado el crédito a alguien más o lo minimizaste completamente porque no te sentías cómoda. Podrías incluso haber interpretado sus palabras como sarcasmo o falsa adulación.

Cambiando creencias

Aun cuando la mayor parte de tus sistemas de creencias se desarrollaron entre tu nacimiento y los siete años, puedes desarrollar nuevos sistemas de creencias después de los siete años.

Ya sea que hayas pasado una vez por un evento emocional significativo o repetidas veces por un evento emocional de baja intensidad; puedes crear nuevos sistemas de creencias. También puedes desarrollar nuevos sistemas de creencias cuando decides que quieres cambiar a propósito. Algunas creencias son fáciles de cambiar porque están en nuestra consciencia. Cuando una creencia está en tu consciencia, puedes decidir qué hacer con ella. Las creencias que están profundamente enterradas en la mente subconsciente son más difíciles de cambiar; aun así, es definitivamente posible cambiar las creencias de tu mente subconsciente. Eso requiere trabajar con alguien que tenga conocimientos para ayudarte a acceder al contenido dentro de tu mente subconsciente y los envíe a tu mente consciente de una manera segura y cuidadosa.

60 segundos de lectura

1. La mayor parte de tus sistemas de creencias se desarrollaron desde tu nacimiento hasta la edad de siete años.
   a. Tu mente consciente, la parte lógica de tu mente, apenas está iniciando a formarse y no está funcionando completamente hasta el momento que cumples alrededor de siete años.
   b. Es por ello que los niños pequeños creen en todo lo que ven y oyen.
2. Las creencias se crean siempre que:
   a. Haya un evento emocional significativo.
   b. Algo pase una y otra vez.
3. Una vez hayas creado una creencia, esta es enviada a tu CI y tu mente subconsciente se programa para buscar información que la corrobore.
4. Aunque la mayoría de tus sistemas de creencias se desarrollen entre el nacimiento y los siete años, puedes desarrollar nuevos sistemas de creencias después de los siete años.
   a. Aunque pases una vez por un evento emocional significativo o repetidas veces por un evento emocional de baja intensidad, puedes crear nuevos sistemas de creencias.
   b. También puedes crear nuevos sistemas de creencias cuando decides que quieres cambiar a propósito.

CAPÍTULO 4

El protocolo de lo desconocido/peligroso

¿Cuántas veces te han dicho que todo lo que tienes que hacer para lograr algo es tener fuerza de voluntad? Y ¿cuántas veces has intentado usar tu fuerza de voluntad y aun así no logras tus objetivos? Posiblemente has estado frustrada o decepcionada contigo. Puede que te hayas enojado contigo misma y puedas incluso sentir que eres un fracaso.

La verdad es que la fuerza de voluntad no funciona si el objetivo que quieres lograr no está alineado con tus sistemas de creencias en tu mente unconsciente.

Es muy común que las personas empiecen una meta con mucho entusiasmo y determinación, y justo después, se den por vencidas. Esto se debe a que los deseos de su consciente no concuerdan con las creencias subconscientes que han programado en su Plan Maestro.

Utilicemos un escenario común para ilustrar esto. Supongamos que quieres perder diez libras. Leíste un artículo en el periódico que te inspiró; este decía que si comes por lo menos mil trecientas calorías por día y te ejercitas tres veces por semana por treinta minutos cada vez; perderás diez libras en dos semanas. Piensas "¡Wow! Todo lo que tengo que hacer es simplemente mantener mi consumo de calorías en menos de mil trecientas calorías por día y hacer ejercicio treinta minutos, tres veces a la semana; ¡perderé diez libras en dos semanas! Parece lo suficientemente sencillo, además de que son sólo dos semanas. ¡Puedo hacer esto!" Fijas tu trayectoria para perder de peso con determinación y quizás algo de emoción.

Poco después de haber iniciado este nuevo programa saludable, algo cambió que inevitablemente te detuvo de avanzar en cumplir tus metas. Ese algo es tu mente subconsciente.

"Los cambios son aterradores; los cambios son peligrosos", grita tu mente subconsciente.

¿Recuerdas que antes dije que el objetivo principal de tu mente subconsciente es mantenerte segura? Pues bien, segura realmente no significa "segura" de acuerdo con tu mente subconsciente. En realidad, tu mente subconsciente está programada para aceptar que "segura" significa "NO CAMBIES. ¡LOS CAMBIOS SON PELIGROSOS! ¡QUÉDATE EXACTAMENTE COMO ESTÁS AHORA!"

Para tu mente subconsciente, los cambios son aterradores. Los cambios son peligrosos. Cada vez que intentes hacer un cambio que perturbe el orden establecido de tu sistema de creencia actual, tu mente subconsciente pierde el control. Asume que estás en peligro y hará lo posible para traerte nuevamente a su percepción de seguridad.

Para aclarar mejor la idea, volvamos al ejemplo de la pérdida de peso. Para efectos de este ejemplo, me gustaría que imaginaras que pesas trecientas libras y que todos en tu familia pesan trecientas libras. También imagina que toda tu vida has estado luchando para perder peso. Imagina que lees un artículo que te motiva e inspira a tomar acciones para perder peso nuevamente. ¡Estás emocionada! ¡Esto es lo que finalmente te ayudará a perder peso! ¡Esta es la respuesta! Cuando tomaste la decisión de seguir el nuevo programa, fue una decisión consciente. Tan pronto empiezas a hacer las actividades prescritas, te sientes bien sobre ti misma. Te sientes esperanzada. Eso es porque aun estás en tu área de seguridad de acuerdo a tu mente subconsciente. Tan pronto te alejes de tu área de seguridad y vayas a un nuevo territorio, o "la zona de peligro", tu mente subconsciente se descontrola y cree que corres peligro. Ya que su trabajo es mantenerte a salvo, hará todo lo que pueda para devolverte a su percepción de área de seguridad. Activará entonces el "Protocolo de lo Desconocido/Peligroso."

El propósito del Protocolo de lo Desconocido/Peligroso es hacer que dudes de ti misma, ponerte en un estado de temor o hacerte sentir mal al revivir fracasos anteriores; por lo que DETIENES lo que estás haciendo y vuelves otra vez a donde se siente seguro.

Para hacer que dejes de hacer tus nuevas actividades, tu mente subconsciente posiblemente inicie reproduciendo las antiguas películas que te harán dudar de ti misma; películas que te hacen pensar: "¿Realmente puedo hacer esto?" "¿Qué me hizo pensar que esto siquiera funcionaría?" "He intentado

muchas cosas y nada ha funcionado" "Es genético, y no hay nada que pueda hacer sobre ello". O posiblemente reproduzca películas de miedo. "Va a ser difícil hacer ejercicio tres veces a la semana. ¡Me voy a lastimar la rodilla izquierda otra vez!" O tal vez, "Va a ser muy aburrido comer nada más que pescado y vegetales. No podré ni siquiera socializar, ¡todos los que conozco comen hamburguesas y papas fritas!"
Quizás tu mente subconsciente elija reproducir películas de fracasos anteriores. Tal vez en el pasado perdiste cinco libras solamente para ganar diez libras de nuevo. Hará reproducir esas viejas películas haciéndote revivir ese antiguo dolor de fracaso.

No solamente se reproducen esas antiguas películas dolorosas de fondo, sino que tu mente estará activamente escaneando el ambiente en busca de evidencias que demuestren por qué vas a fallar.

Si eres como la mayoría de las personas, cuando tengas dudas, miedos o recuerdes tus fallas anteriores, dejarás de hacer estas nuevas actividades y retomarás las antiguas. Parece muy atemorizante o incluso sin sentido intentarlo. Cada vez que inicias y te detienes de esta manera, fortaleces tu sistema de creencia de "No puedo". Pronto tu sistema de creencia se vuelve tan insoportable y poderoso que todo lo que tienes que hacer es pensar en tu meta y caerás en un estado de ansiedad.

El origen de la mayoría de los problemas

El Protocolo de lo Desconocido/Peligroso no es la única herramienta que tiene tu mente subconsciente para apartarte del cambio. En el catálogo de la biblioteca de tu mente subconsciente hay cuatro temas principales que he mencionado: Instruccional, Factual, Emocional y General.

Dentro de la categoría Emocional hay cuatro subcategorías principales:

1. No Soy lo Suficientemente Buena
2. No Soy Digna
3. No Soy Amada
4. No Estoy a Salvo

Todos tenemos estas subcategorías principales en nuestro CI. Es parte del Plan Maestro que hemos creado en un esfuerzo por mantenernos seguros. Es también el origen de la mayoría de los problemas que, como humanos, encontramos. La cantidad de películas que tienes en cada una de estas subcategorías depende de ti, de tus creencias y tus experiencias. Los detalles de tus películas son diferentes a los de la demás gente porque tus películas se basan específicamente en tus experiencias de vida y sistema de creencias. Sin embargo, sin importar quien seas, estas subcategorías principales están allí en diversos grados, ocultas en una esquina oscura, listas para desencadenarse en cualquier momento.

En los siguientes capítulos, discutiré cada una de estas creencias en detalle. Pero por ahora, imaginemos que uno de nuestros grandes sistemas de creencias o Subcategoría Emocional es: "No Soy lo Suficientemente Buena". Debido a que este es un sistema de creencia significativo, se encuentra en tu CI y tu mente subconsciente está programada para buscar constantemente evidencia que apoye esto. Sin importar donde estés, qué hagas o con quién estés; tu mente subconsciente busca constantemente evidencia para corroborar esto.

Imagina que en el fondo de tu mente una película se está reproduciendo, en un ciclo repetitivo 24/7, de todos los momentos que prueban que no eres lo suficientemente buena. Esta película se reproduce continuamente, haciéndose más y más ruidosa cada vez que hagas un intento de hacer algo que pueda amenazar o contradecir este sistema de creencia.

Imagina que recibes mensajes de "No Eres lo Suficientemente buena" todo el tiempo. Estos pensamientos y sentimientos negativos constantes son los que te mantienen atascada. El miedo y las inseguridades que comúnmente van de la mano con estos mensajes, te impiden tomar decisiones y seguir hacia adelante porque parece demasiado aterrador o completamente sin sentido pelear una batalla perdida. La mayoría de las veces no estás consciente de las películas que tu mente subconsciente está reproduciendo en tu interior. No obstante, mientras sigas desafiando cualquier sistema de creencia significativo, las película pertinentes se hacen más ruidosas y vívidas, incluso hasta podrías tener un poco de conciencia de ello. Sin embargo, la mayoría de las veces, no estás completamente consciente de la causa exacta de tu sistema de creencia subyacente. Podrías tener un sentimiento de miedo, ansiedad o incomodidad que realmente no puedes explicar por completo.

Dominando tu mente subconsciente

Así que, ¿qué haces cuando quieres cambiar una creencia subyacente? ¿Cómo puedes cambiar tu comportamiento y tu sistema de creencias cuando tu mente subconsciente lucha en tu contra con cada paso que des?

El primer paso es reconocer que tú eres quien manda y que tu mente subconsciente únicamente sigue las instrucciones que has programado en tu Plan Maestro. Puesto que eres la jefa y eres la responsable de programar el Plan Maestro, puedes también elegir cambiar el Plan Maestro.

Para empezar, deberías reconocer tus emociones negativas y decidir hacer un cambio. Lo siguiente por hacer es crear metas pequeñas y simples para ti. En el caso de perder diez libras, tu meta pequeña y simple podría ser perder solo una libra. Después, perder tres libras, luego cinco libras, ocho libras y finalmente diez libras.

Cuando inicies este recorrido por primera vez, te sentirás bien porque estarás haciendo lo que decidiste hacer conscientemente y estarás en tu zona de seguridad. Poco después, entrarás en la zona de peligro, y tu mente subconsciente empezará a salirse de control. Recurrirá a tus antiguas películas negativas para reproducirlas nuevamente. Sin embargo, esta vez tu meta es muy pequeña y simple. Te esfuerzas en aceptar esta ligera molestia para alcanzar tu primera pequeña y simple meta. Una vez alcances tu primera meta, tu mente subconsciente no puede negar que la meta se ha cumplido. Para mantener tu mente consciente estable, debes hacer lo que sea necesario para mantener esa libra de peso perdida. No intentes perder más peso en este punto. Mantente en este nuevo peso por un rato para permitirle a tu mente subconsciente darse cuenta de que estás a salvo y de que esta es tu nueva normalidad. De este nuevo punto de partida, te esfuerzas nuevamente hasta que alcances la siguiente meta. Como antes, cuando alcances la nueva meta, simplemente permanece un pequeño tiempo así para permitirle a tu mente subconsciente establecer una nueva zona de seguridad.

La cantidad de tiempo que tengas que esperar entre cada meta depende del sistema de creencia que estés desafiando, de hace cuánto ha existido y de las cargas emocionales que conlleva. Sabrás que es el momento para trabajar en la siguiente pequeña meta cuando te sientas a gusto, y sea fácil mantener tu meta actual.

Puede que te estés preguntando: si mi mente consciente es quien manda, ¿por qué simplemente no puedo cambiar voluntariamente el Plan Maestro? ¿Por qué necesito hacer estas pequeñas, simples metas? En realidad tu mente consciente es quien manda y tú eres, de hecho, quien cambia los parámetros en tu Plan Maestro; puedes cambiar fácilmente los detalles en tu Plan Maestro cuando la creencia está dentro de tu consciencia y es de baja intensidad. Sin embargo, cuando pasas por algo con emociones negativas significativas, aprendes que es muy doloroso y que no quieres volver a sentir esa emoción de nuevo. Para asegurarte de que nunca vuelvas a pasar por ello, cuando programas tu Plan Maestro sobre esa experiencia, subconscientemente pones tantas trampas como sea posible en un esfuerzo por proteger el Plan Maestro. Es por esto que tienes que tomar pasos simples y pequeños para dispersar las trampas sin activar la alarma.

Si das estos pequeños pasos en la vida real, tomaría años lograr tus metas dependiendo de lo que son. Sé que no quieres esperar años para lograr tus metas; quieres lograrlas ahora, o por lo menos en una cantidad de tiempo relativa.

Lo bueno es que hay muchas otras maneras más simples y más eficientes de lograr rápidamente estas metas. En primer lugar, puedes acelerar significativamente el proceso al visualizarte vívidamente logrando tus metas y completándolas repetidamente bien. Esto funciona porque tu mente subconsciente está constantemente creando películas para ti.

La buena noticia es que tu mente subconsciente
no sabe si este es un evento real que
experimentas o algo que estás imaginando
vívidamente. Para tu mente subconsciente es lo

mismo; ambas experiencias se archivan, clasifican y almacenan de la misma manera.

Puedes usar esta información para tu beneficio. Digamos que tienes la meta de sentirte cómoda y confiada al hacer una presentación de clases. Visualízate vívidamente en frente de la clase, sintiéndote cómoda y sintiéndote confiada de que conoces bien el material. Vívidamente visualízate presentando con una voz fuerte y segura, haciendo buen contacto visual y sintiéndote a gusto. Imagina vívidamente que terminas tu presentación y respondes cualquier pregunta con autoridad y confianza.

A medida que te imagines este escenario, añade tantos detalles como sean posibles. Utiliza tus sentidos; míralo, tócalo, escúchalo, huélelo. Siente las emociones unidas a eso. Entre más detalles brindes, mejor será tu grabación y el cambio ocurrirá más rápido.

¡Estrellas deportivas han estado utilizando esta técnica por siglos con resultados sorprendentes! Una estrella de tenis, por ejemplo, podría vívidamente imaginarse a sí misma haciendo un saque perfecto una y otra vez—quizás unas veinte veces antes de un partido. Cuando ella entre a la cancha para su primer saque, su mente pensará que es el saque número veintiuno. Su mente está calmada y enfocada. Su cuerpo, relajado. Ella lleva a cabo su saque con confianza y poder. Esta simple técnica puede ayudarte a lograr cualquier meta en tu vida, más fácil y rápido.

Mientras que esta técnica es muy útil al ayudarte a cumplir muchas de tus metas, otras metas son más difíciles de lograr solo con este método, especialmente si están muy arraigados en tus sistemas de creencias. Por ejemplo: si tu padre te pegaba regularmente desde que eras una niña hasta el momento en que se fue cuando tenías nueve años, podría parecer casi imposible perdonarlo. Puedes definitivamente usar la técnica de visualización antes mencionada y lograr tus metas, pero tomaría un esfuerzo significante y dedicación debido a todas las trampas que has dejado alrededor de ese sistema de creencias.

En casos de creencias profundamente arraigadas, especialmente traumáticas, lo mejor es involucrar la asistencia de un profesional altamente capacitado que se especialice en técnicas no tradicionales para abordar la mente subconsciente. Con su ayuda, puedes ser guiada a identificar el sistema de creencia preocupante, la fuente de su creación y las emociones negativas vinculadas a dichas creencias. Una vez las emociones negativas son identificadas y liberadas, la creencia se neutraliza. Entonces eres libre de reprogramar esa parte del Plan Maestro.

RECUERDA, *cuando tu mente consciente y la subconsciente estén en conflicto, tu mente subconsciente siempre gana.*

Para tener éxito al crear los cambios que deseas, debes resolver los problemas desde su raíz—esto significa abordar tu mente subconsciente. De no hacerlo así, revivirás el problema una y otra vez. Los mejores terapeutas para cambiar sistemas de creencias profundamente arraigados abordan directamente la mente subconsciente.

En los siguientes capítulos, compartiré contigo las historias reales de algunas de mis clientas que pudieron resolver sus problemas rápidamente cuando descubrieron cómo abordar su mente subconsciente. Compartiré contigo sus Subcategorías

Emocionales principales y cómo aparecieron en sus vidas. Mira si puedes sentirte identificada con una o más de ellas para iniciar tu propio descubrimiento.

60 segundos de lectura

1. La fuerza de voluntad no funciona si el objetivo que deseas lograr no está alineado con tu sistema de creencias de tu mente subconsciente.
2. El objetivo principal de tu mente subconsciente es mantenerte segura.
   a. Segura realmente no significa "segura" de acuerdo a tu mente subconsciente.
   b. Para tu mente subconsciente, el cambio es atemorizante; el cambio es peligroso.
   c. Cada vez que intentes hacer un cambio que perturbe tu sistema de creencias actual, tu mente subconsciente se sale de control. Piensa que estás en peligro, y hará todo para traerte de vuelta a su lugar de "seguridad".
3. Tu mente subconsciente utiliza el Protocolo de lo Desconocido/Peligroso para traerte de vuelta a tu sitio "seguro".
   a. El Protocolo de lo Desconocido/Peligroso hará que dudes de ti misma, te hará sentir miedo o te hará sentir mal al revivir fracasos pasados de manera que DETENGAS lo que haces y vuelvas a donde se siente "seguro" nuevamente.
4. La mayoría de los problemas se remontan a una de las cuatro creencias erróneas:
   a. No soy suficiente.
   b. No soy digna.
   c. No soy amada.
   c. No estoy a salvo.

LO HARÍA, PERO MI MENTE NO ME DEJA 47

5. Para dominar a tu mente subconsciente, empieza por ser quien manda en tu mente. Dale comandos claros y directos a tu mente subconsciente.
   a. Crea metas pequeñas y simples que vayan en dirección a la gran meta definitiva, para prevenir que el Protocolo de lo Desconocido/Peligroso se active.
6. Tu mente subconsciente no conoce la diferencia entre lo que es real y lo imaginado. Para tu mente subconsciente es lo mismo.
   a. Para lo que sea que quieras lograr, imagínate vívidamente ya cumpliendo esa meta. Asegúrate de adjuntar emociones positivas fuertes al imaginar tu logro para ayudar a tu mente subconsciente a aceptarlo como "seguro" rápidamente.
   b. Esta simple técnica puede ayudarte a lograr cualquier meta en tu vida, más fácil y rápido.
7. Cuando tu mente consciente y tu mente subconsciente estén en conflicto, **tu mente subconsciente siempre ganará.**

CAPÍTULO 5

No soy lo suficientemente buena

No soy lo suficientemente buena es la Subcategoría Emocional más grande y oscura en tu biblioteca de películas. En el fondo de la mayoría de los problemas está una creencia subyacente de que no eres lo suficientemente buena. Antes de descartar esta noción como una posibilidad, ten en cuenta que esta creencia comúnmente está escondida bajo la superficie de tu pensamiento consciente, y todavía puede ser una fuente significativa de problemas para ti desde allí.

Este sistema de creencia podría aparecer como:

- No soy lo suficientemente [inserta tu palabra aquí] (como por ejemplo, inteligente, alta, guapa, divertida, mayor).
- Parece que no puedo hacer nada bien.
- A los demás les va mejor de lo que me va a mí.
- No tengo nada importante para contribuir.
- Algo está mal conmigo.
- Soy una buena para nada.

Estudio de caso: Samantha

Cliente: Samantha, Edad: 15 ½

Problema que presenta:

Samantha se había estado volviendo más distante en los últimos meses. Su mamá está preocupada porque repentinamente ha perdido 20 libras, no tiene apetito, y está teniendo dificultades para mantenerse al tanto en la escuela. Samantha solía ser una estudiante distinguida que sacaba puras "A", pero ahora ella tiene problemas para mantener sus calificaciones. Actualmente, está a punto de reprobar una clase porque está atrasada en varias tareas de escritura. También obtendrá una "C" en otra clase. Samantha reportó sentirse agobiada por el estrés y las responsabilidades cada vez mayores. Tiene problemas al decir no y, como resultado, hace todo lo que la gente le pida. Ella se encargó de muchas tareas y entonces se siente sobrecargada con las obligaciones. Como consecuencia de sentirse agobiada, a Samantha le cuesta concentrarse durante el día y dormir durante la noche. Las tareas sencillas ahora son difíciles.

Historia familiar:

Los padres de Samantha se divorciaron cuando ella tenía diez años. Actualmente vive con su madre y sus dos hermanos menores. Ella describe su relación entre su madre, sus hermanos y ella como buena. Por un tiempo, ella estuvo viendo a su padre cada mes desde el divorcio. Esa relación es descrita como extremadamente estresante debido a: "No puedo hacerlo feliz". De hecho, es bastante estresante que no haya visto o hablado con su padre por casi un año. Él muy pocas veces hace un intento por contactarla.

Historia social:

Samantha es tímida y tiene pocos amigos cercanos. Ella solía disfrutar pasar el rato con ellos, pero últimamente se le hace difícil disfrutar de sí misma socialmente. Samantha dice tener dificultad al abrirse con las personas, incluso con sus amigos cercanos.

Palabras que Samantha comúnmente oye de otros al describirla:

Inteligente, estudiosa, simpática, bondadosa, callada, madura, responsable, generosa

Palabras que Samantha usa para describirse a sí misma:

Complaciente de personas, débil, no puedo decir "no", invisible y pusilánime.

Notas de la sesión uno:

Crecer con su padre fue difícil para Samantha. Sus padres constantemente peleaban. Hubo muchas situaciones de gritos entre sus padres. Siempre que sus padres peleaban, su padre menospreciaba a Samantha. Él era exigente, verbalmente abusivo y siempre tenía que tener la razón. Él era frío y distante.

Samantha no puede recordar que su padre alguna vez le haya dicho "Te amo" o "Estoy orgulloso de ti". Cuando ella trataba de abrazarlo, ella mayormente era puesta a un lado o se le decía que jugara en cualquier otra parte.

Desde una temprana edad Samantha intentó todo lo que se le pudo ocurrir para agradarle a su padre. Ella jugaba silenciosamente cuando él estaba a su alrededor. Intentó dar lo mejor de sí misma en la escuela e incluso jugó deportes que a ella no le interesaban, simplemente porque a su padre le gustaba ese deporte. Ocasionalmente su esfuerzo valía la pena y su padre le daría algo de atención.

Mientras que Samantha no estaba completamente consciente, el tema en su vida por el que atravesaba era: "No soy lo suficientemente buena".

Causa fundamental:

Nos remontamos al incidente de cuando Samantha tenía cinco años. Después de una horrenda pelea entre sus padres, Samantha decidió hacer un dibujo para que su padre se animara. Samantha pasó un largo tiempo perfeccionándolo; dibujando, borrando y redibujando hasta que pensó que era perfecto. Cuando finalmente estuvo satisfecha con su trabajo, ella muy animadamente se acercó a su padre. Con una gran sonrisa en su rostro, le presentó su obra de arte y dijo: "Dibujé esto para ti, papi. Espero que esto te haga feliz".

Su padre la miró brevemente pero no dijo una palabra ni hizo ademán de estirarse para recibir su regalo. Samantha silenciosamente se quedó allí y mantuvo la respiración por lo que parecieron horas para ella. Todavía, no hubo respuesta por parte de su padre. Samantha se acercó a él lentamente con su regalo extendido frente a ella. Su padre se lo arrebató, lo miró y dijo: "¿Crees que esto va a hacer que todo mejore? Míralo, es tan descuidado. ¡No hay nada bueno de esta imagen!" Entonces arrugó el dibujo, lo tiró en una esquina y volvió a ignorar a Samantha.

Samantha se quedó allí inmóvil, demasiado asustada para llorar o moverse.

En ese momento, Samantha recuerda sentimientos de:

1. Enojo: ¿Cómo podía él ser tan malo? Aun si no le gustó, no tenía que tratarme de esa manera.
2. Confusión: ¿Por qué no le gustó? Le dediqué mucho tiempo y energía en eso. Pensé que estaba bonito y que podría hacerlo feliz.
3. Inseguridad: ¿Siquiera sé lo que es bonito? ¿Soy descuidada? Parece que no puedo hacer nada bien. ¿Qué está mal conmigo?
4. Miedo: Su enojo siempre es aterrador para mí. Él es tan frío. Nunca puedo predecir qué hará.
5. Tristeza: Mi padre no me ama. Soy difícil de amar.
6. Desamparo: No puedo cambiar la situación. No hay nada que pueda hacer.
7. Odio a sí misma: No soy buena. No puedo hacer nada bien. No puedo hacer feliz a mi papá.

Cuando Samantha recordó la historia en nuestra sesión, ella sintió un gran enfado hacia su padre. Ella no podía entender cómo alguien podía ser tan cruel. Samantha ahora identificó el cómo fue que este evento emocional único y significativo tuvo como resultado su patrón para tratar de complacer a todos como un intento de sentirse valorada y amada.

Después de trabajar en liberar el enojo, Samantha fue capaz de reconsiderar el recuerdo con una nueva perspectiva. Ella reconoció que su padre no estaba bien y que sus acciones reflejaban lo que sentía sobre sí mismo. Samantha finalmente entendió que no se trataba de ella en absoluto; ella simplemente fue un blanco fácil y conveniente para su ira. Ella decidió perdonar a su padre por sus acciones pasadas. Samantha no podía creer cuan agobiante fue buscar continuamente la aprobación de su padre. Ella se sintió liberada y emocionada por aprender a ser la fuente de su propia "máquina de aprobación" como lo llamó.

Seguimiento de tres meses:

Samantha se ha puesto en contacto nuevamente con su padre; finalmente le dijo cuánto la habían lastimado sus acciones pasadas. También le dijo que lo perdonaba. Samantha dijo que se sintió muy sorprendida cuando su padre se puso a llorar y la abrazó. Fue un día maravilloso para Samantha.

Samantha también dijo que:

1. Ella ya está al corriente en sus clases y las pasará todas.
2. Se siente bien consigo misma.
3. Ahora duerme mejor y se concentra más al estar en la escuela.
4. Ella está ahora más consciente de sus propias necesidades y puede decir "no" a actividades que no le interesan o se adaptan a ella.
5. Ella se siente más segura de quién es y de lo que es capaz.

Seguimiento de seis meses:

La relación de Samantha con su padre es aún distante. Él ha hecho algunos esfuerzos menores por decirle ocasionalmente que se siente feliz con ella. Sin embargo, él todavía actúa fríamente y algunas veces es distante. Samantha se da cuenta ahora que su padre no está mentalmente bien y que ya no toma sus acciones como ataques personales o un reflejo de lo que ella es.

Samantha dijo que está saliendo más seguido con sus amigos. Se siente cómoda y tranquila cuando sale. Algo que la sorprendió es que se siente mucho más aventurera de lo que alguna vez pensó serlo.

Lección aprendida:

Samantha siempre había querido complacer a las personas. No entendía por qué se sentía de esa manera. Aunque se sentía agobiada, no podía decir que no. Esto se debía a ese evento emocional significativo que le sucedió a los cinco años que la llevó a creer que no era lo suficientemente buena para su papá. No se sentía amada, así que continuó haciendo todo lo que pudo para ganarse su amor. En algunas ocasiones su esfuerzo valía la pena y su padre le daba un poco de la atención que tan ansiosamente deseaba. Esto le reafirmó que para ser amada, ella debía hacer todo lo que podía para demostrarle a otro que ella es lo suficiente buena y merecedora de amor.

Una vez ella neutralizó las emociones vinculadas a este incidente, pudo ver la realidad de la situación y descubrir el error de este sistema de creencia. El problema no era que Samanta era difícil de amar, sino que su padre no estaba lo suficiente sano emocionalmente para mostrarle amor a

Samantha de una manera cálida o consciente. El descubrir esto, le permitió a Samantha cambiar conscientemente su creencia y reconocer su verdadero valor. Ya no necesita la aceptación de los demás para sentirse bien sobre la maravillosa persona que es.

RECUERDA: *Siempre hay más versiones de la historia además de la tuya. También recuerda que las cosas no son siempre lo que parecen a primera vista.*

Cuando las cosas no vayan bien para ti, en lugar de concentrarte en lo que está mal y hacer el problema más grande, pregúntate: "¿De qué otra manera puedo ver esta situación? Tómate tu tiempo con esta pregunta. Sé una detective y busca pistas que señalen posibilidades de conclusiones diferentes, conclusiones más felices.

Cuando tengas una fuerte reacción negativa hacia algo, puedes apostar a que existe una creencia subyacente en juego. Ten la voluntad para detenerte, examinar la situación e identificar la creencia negativa en potencia, o el "desencadenador" de tus sentimientos. Ten la voluntad de abandonar tu pensamiento original o creencia y sé más abierta a ver evidencias de las nuevas (y mejoradas) posibles conclusiones que has creado. Podrías sorprenderte gratamente.

Autorreflexión

¿Cuál es tu mayor lección de este capítulo?

_____
_____
_____
_____
_____
_____
_____
_____

¿Cómo puedes utilizar lo que acabas de aprender para tomar el control de tu mente y ser una versión de ti más feliz y confiada?

_____
_____
_____
_____
_____
_____
_____
_____

CAPÍTULO 6

No soy digna

Muchas veces las creencias de "No soy lo suficientemente buena" y "No soy digna" van de la mano. Algunas veces es algo así: no merezco_____ porque no soy_____.
Este sistema de creencia podría presentarse como:
- No merezco ser exitosa porque soy realmente muy perezosa.
- No merezco ganar este premio porque en realidad no soy tan inteligente.

El "no soy digna" puede ser causado por tener sentimientos de culpa por algo que hiciste en el pasado.

Estudio de caso: Megan
Cliente: Megan, Edad: 18

Problema que presenta:

Megan buscó ayuda porque recientemente se le diagnosticó con depresión, se le prescribió Zoloft y terapia semanal. Megan asistió a un total de nueve sesiones y dejó de ir porque no vio ninguna mejoría. También dejó de tomar el Zoloft porque le causaba mareo, dolores de cabeza y dolor de estómago mientras lo consumía.

Hace unas semanas, Megan reportó estar: "maldecida con pensamientos negativos". Sin importar lo que sucedía, Megan siempre reproducía escenas negativas en su mente. Ella se siente consumida por estos sentimientos negativos y cree estar perdiendo el control de su mente. Aunque todo vaya bien, Megan dice sentirse ansiosa y asustada de que "algo malo" vaya a suceder. La situación estaba tan mal que Megan tuvo que dejar su trabajo de medio tiempo en un cine local porque estaba demasiado sensible y lloraba con facilidad.

Historia familiar:

Megan es hija única e informa haber tenido una infancia mejor que la promedio. Sus padres eran, y aún son, amorosos y comprensivos. Sus padres la alaban y constantemente presumen de ella con los demás. Megan recuerda haber escuchado a sus padres decir cosas como: "Megan es tan perfecta. Somos muy afortunados de tener una hija tan maravillosa", y "No sabría qué hacer si tuviéramos una hija problemática", refiriéndose a la hija del vecino de al lado.

Historia social:

Megan dice hacer amigos con facilidad. Siempre ha sido una de las chicas populares en su escuela. Ella es voluntaria semanalmente en varios centros locales de la comunidad.

Palabras que Megan comúnmente oye de otros al describirla:

Bonita, inteligente, divertida, caritativa, generosa, amigable, amable

Palabras que Megan usa para describirse a sí misma:

Falsa, hipócrita, una mala persona, fea, indigna, mentirosa

Notas de la sesión uno:

Al principio Megan estuvo bastante cerrada. Difícilmente hizo contacto visual, prefiriendo esconder su rostro detrás de las almohadas de la oficina. Megan insistió en no saber por qué razón ella siente que es una mala persona, pero simplemente sabe que lo es. Ella dijo reiteradamente "No merezco ser feliz. He hecho muchas cosas malas y no las puedo cambiar". Megan no comentó cuales eran esas cosas malas, pero decía cosas como: "No le agrado a la gente en el trabajo", y "Lastimo a las personas".

Notas de la sesión tres:

Megan está más cómoda y se está abriendo de manera significativa—aunque con cautela—en cada sesión posterior. Ella compartió conmigo muchos incidentes que "prueban" que ella es una mala persona ante sus propios ojos. También compartió una historia de algo que sucedió cuando tenía doce años—la razón por la que ella se odia a sí misma y cree que es indigna. Ese año, Megan había entrado a la secundaria por lo que empezó a asistir a una escuela nueva. A pesar de que había muchos estudiantes nuevos, Megan se sentía muy a gusto en su nuevo entorno y, como siempre, hizo fácilmente nuevos amigos. Como en los años anteriores, Megan comenzó a salir con las chicas mayores más populares después de unas cuantas semanas. La vida era fácil para ella.

En cambio para Ashley, la amiga de Megan, la vida se le estaba complicando. Ashley siempre fue pequeña, parecía muy joven para su edad y era socialmente inadaptada. Estar alrededor de chicas mayores hacia aún más notorio lo pequeña y extraña que era. Ashley no encajaba y era un blanco fácil en la escuela.

Megan sollozó estrepitosamente al recordar un incidente cuando algunas de las chicas populares empezaron a burlarse por la extrañeza y estatura de Ashley. Ashley empezó a llorar y miró a Megan; "Ella me rogaba con sus ojos que la ayudara", sollozó Megan. Por alguna razón desconocida, Megan se sentía enojada con Ashley por haberla puesto en el medio de esa situación. Megan miró a otra parte, insegura de qué hacer, y pretendió no darse cuenta del dolor y la humillación que Ashley tuvo que sobrellevar en ese momento. Aunque su voz interior le decía: "¡Haz algo!", Megan continuó pretendiendo estar ajena al padecimiento de Ashley.

Megan no recuerda que pasó después de eso pero expresa que se siente muy culpable por lo que sucedió. No se ha perdonado a sí misma por ser una cobarde. Megan admite, de hecho, que todas sus buenas obras son un simple esfuerzo por tratar de ocultar el hecho de que era una persona horrible y débil.

Megan estaba dudosa sobre perdonarse a sí misma al principio. Estaba asustada de que si dejaba ir la culpa y la pena, empezaría a involucrarse en esas actividades horribles nuevamente. Después de unas palabras tranquilizadoras, Megan fue capaz de iniciar el proceso para perdonarse a sí misma. Y al final de la sesión, Megan dijo sentirse mucho mejor sobre quien era y lo que había hecho.

Causa fundamental:

Sintiéndose más ligera y esperanzada, Megan estuvo dispuesta a trabajar en descubrir y eliminar otros eventos emocionales negativos significativos.

Megan se impresionó cuando recordó un incidente que ocurrió cuando tenía siete años. Megan y sus padres iban a visitar la casa de sus vecinos para cenar una noche. Megan y Riley (la hija de nueve años de los vecinos) estaban jugando en el cuarto de Riley mientras que sus padres estaban en la cocina preparando la cena.

Megan vio una hermosa caja rosa y le pidió a Riley que le mostrara lo que había dentro. Riley sacó con entusiasmo un collar nuevo que su madre le había dado hace una semana y se lo mostró con orgullo a Megan. Riley devolvió cuidadosamente el collar a su hermosa caja rosa antes de volver a jugar con Megan.

Después de la cena, la madre de Riley le pidió que buscara su collar nuevo para mostrárselo a Megan y a sus padres. Riley corrió a su cuarto y regresó con las manos vacías.

Riley dijo que el collar se había perdido y acusó a Megan de robarlo. Tan pronto como Riley soltó esa acusación, su madre la tomó del brazo y comenzó a gritarle: "¿Perdiste tu collar nuevo? Eres tan descuidada. No mereces nada bonito. ¿Cómo puedes culpar a la pequeña Megan por tu descuido? Estoy tan decepcionada de ti".

Riley trató de defenderse pero su padre intervino y severamente le dijo que se fuera a su cuarto, "Piensa en el problema que le estas causando a tu madre".

Riley se fue de la habitación llorando silenciosamente. Al salir, Riley miró a Megan, pero Megan evitó su mirada, estando demasiado avergonzada de sí misma porque ella sabía la verdad.

Más tarde esa noche, Megan salió para tirar lejos el collar. Al entrar a su casa, Megan escuchó a su madre decir: "No puedo creerle a esa Riley. Ella es una niña tan mala al culpar a nuestra pequeña Megan de esa manera. Megan es tan perfecta. No sé qué haría con una niña problemática así". Megan sintió nauseas. Estaba segura de que si sus padres supieran la verdad, no la querrían más. Esa noche, Megan lloró hasta quedarse dormida.

Este recuerdo sorprendió a Megan, ya que ella no había pensado en este incidente desde hace muchos años. Al recordar esto, Megan sintió nuevamente mucha más vergüenza y culpa. Ella no podía creer no haberlo confesado nunca. A decir verdad, alrededor de unas cuantas semanas después de lo sucedido, Riley le había rogado muchas veces que le devolviera el collar. Megan miraba a otra parte cada vez que lo hacía y le decía: "No sé de qué me hablas. ¡Eres una mentirosa!"

Con una confianza significativa, Megan estuvo dispuesta a perdonarse y a aceptar que solo era una niña en ese entonces, e hizo lo mejor que sabía hacer en ese momento, y que ahora es tiempo de perdonarse a sí misma y seguir adelante.

Después de muchas rondas de trabajo para perdonarse, Megan dijo sentir un alivio enorme. Por primera vez en muchos años, Megan comenzó a verse a sí misma como una persona buena y amable. Ella reconoció que sus actos de generosidad no eran simple actuación después de todo. Megan finalmente pudo verse a sí misma como la mujer joven generosa y amable que realmente es.

Seguimiento de tres meses:

Megan informó sentirse feliz y más libre. Megan atribuyó su nueva visión de la vida a su capacidad de perdonarse verdaderamente. Ocasionalmente sus inseguridades regresarán. Cada vez que regresen, Megan se sobrepone de ellas al reafirmar: "Me perdono a mí misma. Soy una buena persona. Merezco felicidad".

Lección aprendida:

La culpa es una emoción negativa muy poderosa que puede reprimirnos y causarnos un gran dolor. En el caso de Megan, aunque se había olvidado acerca del incidente con Riley, ese incidente había sido un evento emocional significativo para ella que creó un montón de creencias negativas. Una vez ella se creó la idea de que era una mala persona—y por consiguiente no merecía ser amada—ella sin darse cuenta programó su mente para buscar información que apoyara ese sistema de creencias. Su mente hizo exactamente lo que ella le mandó a hacer y la hizo hiper-consciente de muchos incidentes que coincidieran con este sistema de creencias. La mayoría de esos incidentes eran menores, sin embargo jugaron un papel importante al confirmar sus creencias.

El perdón es el antídoto para la culpa. Cuando te perdonas a ti misma, liberas el peso de la culpa. Eso no significa que justifiques lo que hiciste, ni que pienses que está bien repetir esa acción. Cuando eliges perdonarte a ti mismo, simplemente reconoces y aceptas que hiciste lo que mejor sabías hacer en ese entonces. Te permites despojarte de la culpa de modo que puedas seguir adelante con tranquilidad. Estar en un entorno pacifico te permite tomar mejores decisiones para ti y tu futuro.

Si conservas sentimientos de culpa sobre algo, ahora es el momento para dejarlos ir. Permítete liberarlos y perdonarte. No necesitas de la culpa para evitar cometer el mismo error o "aprender la lección". Una vez te hayas perdonado, te volverás más libre y tus decisiones serán más claras.

Autorreflexión

¿Cuál es tu mayor lección sobre este capítulo?

_____
_____
_____
_____
_____
_____
_____

¿Cómo puedes utilizar lo que acabas de aprender para tomar el control de tu mente y ser una versión de ti más feliz y confiada?

_____
_____
_____
_____
_____
_____
_____
_____

CAPÍTULO 7

No soy amada

Como humanos, todos tenemos una enorme necesidad de sentirnos amados y de estar conectados con otros. El amor es una emoción tan importante que impulsa muchos de nuestros pensamientos y acciones. Cuando nos sentimos amados y conectados, la vida de alguna manera parece más fácil. Cuando carecemos de amor y conexión, muchas veces nos sentimos solos e incompletos.

"No soy amada" frecuentemente se presenta como:
- No le agrado a nadie.
- Estoy completamente sola en este mundo.
- Todo el mundo me abandona.
- Nadie me ama.
- ¿Quién me amaría?

Estudio de caso: Jessica
Cliente: Jessica, Edad: 16

Problema que presenta:

Susan trajo a su hija, Jessica, en busca de ayuda debido a los crecientes arrebatos de ira de Jessica en los meses pasados. En las últimas tres semanas, las cosas han empeorado significativamente cuando Jessica se involucró en dos disputas verbales y una pelea a golpes en la escuela. Jessica también pelea diariamente con su hermana menor. Susan se siente desesperada e insegura sobre qué hacer. El consejero de la escuela de Jessica recomendó que ella vea a su doctor para que le dé medicamentos para "calmar sus nervios".

Historia social:

Jessica es una estudiante buena que sobresale en matemáticas, inglés y artes. Es un poco solitaria y solamente tiene una amiga cercana y muchos conocidos. Si bien es querida y recibida por los demás, ella prefiere estar sola. Jessica pasa la mayoría de su tiempo escuchando música y dibujando.

Palabras que Jessica comúnmente oye de otros al describirla:

Talentosa, callada, artista, solitaria, buena, inteligente

Palabras que Jessica usa para describirse a sí misma:

Artista, creativa, solitaria, enfurecida, sola en este mundo.

Notas de la sesión uno:

Jessica estaba llena de ira y frustración cuando vino. Ella dijo que odiaba sentirse de esta manera, pero tampoco sabía cómo detenerse. Pasó los primeros 15 minutos de la sesión caminando de un lado para el otro mientras me hablaba. Después de hacer algunos ejercicios de relajación, pudo calmarse.

Jessica manifestó un gran enojo hacia sus padres. Ella siente que la única vez que le prestan atención es cuando ella está en problemas; de otro modo actúan como si ella no existiera. Jessica odia ser parte de la familia. "Todos son un desastre, sin embargo, (refiriéndose a sus padres) siempre pretenden que son la familia perfectamente feliz".

Jessica pasó la mayor parte de la sesión desahogándose, soltando rápidamente todas las cosas "estúpidas" que hacían sus padres para mantener la fachada de familia perfectamente feliz.

Sus pensamientos iban con rapidez, y muchas ideas no se conectaban. Jessica se desmoronó y lloró de frustración porque no podía expresarse por sí misma.

Pasamos gran parte de la sesión practicando técnicas de relajación y permitiendo que Jessica se desahogara y llorara.

Notas de la sesión dos:

Jessica estaba más calmada hoy. Dijo orgullosamente que ha estado haciendo sus ejercicios de relajación y que le han estado ayudando a relajarse.

Pasamos el día hablando sobre la muerte de su hermano y lo que esta significaba para ella.

Jessica recuerda que su infancia fue buena. Aunque no tenía una estrecha relación con sus padres, las cosas estaban bien entre ellos. Ella recibió todo el amor y la atención que necesitaba de su hermano, Jonathon, quien era también su mejor amigo. Hacían todo juntos; incluso cuando los amigos de Jonathon querían excluir a Jessica, él siempre la elegía a ella; aun si eso significaba ser excluido también.

Jonathon era un artista maravilloso, naturalmente. Sus talentos de dibujo eran bien conocidos en la escuela; Jessica siempre admiró eso de él. Seis meses antes de morir, Jonathon había tenido un gran interés en ayudar a Jessica a desarrollar sus habilidades de dibujo. Ellos pasaban horas creando y perfeccionado su trabajo.

Entonces sucedió la pesadilla. Jessica llegó a casa con su madre después de comprar comestibles para ver muchas luces de los carros de policía en la calle cerca a su casa. Su madre salió corriendo del auto hacia la casa solo para ser detenida y devuelta por un oficial de policía. Él le dijo algo a ella que Jessica no pudo oír. Entonces escuchó el grito más ruidoso y desgarrador que jamás había escuchado; vio a su madre caer al suelo, lamentándose profundamente.

Jessica se acercó para ver más de cerca. Antes de que cualquier oficial pudiera detenerla, estaba parada al lado de su madre; frente a ella estaba el cuerpo de su hermano en una camilla. Su camisa estaba cortada a la mitad dejando expuesto su pecho. Un hombre puso una manta sobre él para cubrir su cuerpo y su rostro. Antes de que lo cubrieran completamente, Jessica recordó la fría mirada en los ojos de su hermano—una imagen que todavía hoy la persigue. Un conductor ebrio había atropellado a Jonathon cuando él iba en su bicicleta frente a su casa. Jonathon tenía 13 años.

Esa noche la familia se reunió en luto y para apoyar a la familia de Jessica. Aunque la casa estaba llena de gente, Jessica nunca antes se había sentido tan sola como esa noche. Nada era real para ella. Todos se movían en cámara lenta. Mentalmente, ella sabía que su hermano había muerto; emocionalmente, se negaba a aceptarlo.

En un determinado momento de esa noche, Jessica les gritó a todos que dejaran de llorar y se fueran a casa. Ella no ya no quería jugar ese estúpido juego; Jonathon tenía que estar vivo. Jessica corrió alrededor de la casa llamándolo a gritos para que dejara de esconderse y saliera.

Jessica fue llevada rápidamente a otro cuarto por su tía: "Necesitas ser valiente y fuerte por tus padres. Tienes que poner buena cara. No pueden lidiar con más dolor justo ahora", le dijo ella y abrazó a Jessica.

Durante el resto de la noche, Jessica se sentó en silencio sosteniendo su libro de dibujo. Esa era su única conexión con Jonathon.

Esa noche le dijeron a Jessica que durmiera en la sala para que sus tíos pudieran dormir en su cuarto. Estar en la sala de estar por sí sola fue muy aterrador para ella; era muy grande y fría. Todos estaban en el segundo piso y ella estaba allí completamente sola.

Estando en la oscuridad, Jessica sintió:

1. Soledad: no había nadie allí para ella.
2. Confusión: ¿Por qué tenía su hermano que morir?
3. No amada: no queda nadie que la ame.
4. Abandono: ¿Cómo pudo su hermano dejarla?
5. Temor: ¿Quién la protegerá ahora?
6. Agobiada: tenía que poner buena cara para sus padres.
7. Tristeza: su mejor amigo se había ido.
8. Miedo: ella no podía sacarse de la mente el recuerdo de la fría mirada de su hermano.

Jessica se sorprendió de cuantos detalles recordaba y el gran dolor que aun llevaba. Con ayuda, fue capaz de disminuir la mayoría del dolor por el que había pasado esa noche.

Notas de la sesión tres y cuatro:

Las primeras semanas después de la muerte de su hermano fueron insoportables para ella. No solamente había perdido a su hermano y mejor amigo, sentía como si también hubiera perdido a sus padres. Su madre no salía de la cama—pasaba cada día y cada noche llorando. Su padre era incapaz de lidiar con ello y se iba cada noche a un bar para escaparse. Eso dejó a Jessica completamente sola sin nadie con quien hablar. Su soledad y sentimientos de no ser amada se amplificaron.

Los próximos meses mejoraron un poco. Su madre comenzó a tomar medicamentos para calmar los nervios y era capaz de salir de la cama y vagar por la casa. Sin embargo se movía lentamente casi sin expresión en su rosto, casi parecida a un zombi. El doctor de su madre le recomendó terapia de duelo para la familia, pero sus padres se negaron.

Su padre comenzó a trabajar en casa. Aunque sus padres estaban físicamente allí, estaban emocionalmente ausentes. Las conversaciones en las que se habían centrado eran sobre el trabajo de su padre y los medicamentos de su madre. Ocasionalmente mencionaban a Jonathon diciendo cuan buen hijo era y cómo estaba de muerta la casa ahora que él se había ido.

Jessica recuerda haber querido gritar: "¡Estoy aquí! ¡Estoy viva! ¡Préstenme atención a mí!"

Jessica se volvió más y más retraída al hacerse más fuertes en su mente los sentimientos de no ser amada. Se preguntaba qué estaba mal con ella; no sabía por qué no la querían.

Seis meses después de la muerte de Jonathon, su madre volvió a la vida. Ella volvió a cocinar y a limpiar. Algunas veces hasta le pedía a Jessica que fuera a ver televisión con ella. Incluso su padre se veía feliz de alguna manera.

Jessica estaba confundida pero no le tomó importancia. Ella solo estaba feliz de tener nuevamente un poco de atención por parte sus padres.

Luego, ese mes, sus padres la sentaron para darle la gran noticia. Su madre exclamó: "¡Nuestra familia ha sido salvada! ¡Vamos a tener vida nuevamente en esta casa!". La madre de Jessica estaba embarazada y esperaban que el bebé naciera en enero. Jessica estaba conmocionada, no sabía qué decir o qué sentir. Jessica recordó haber pensado: "¿Un bebé? ¿Vida nuevamente en esta casa? ¡Yo estoy viva! ¡Siempre lo he estado! ¿Acaso mi vida no cuenta?".

Adelantándose unos años, Jessica dijo que se sentía aún más distante con sus padres. Ellos gastaban más tiempo y atención en Jennifer que rara vez notaban la presencia de Jessica. Por supuesto, pretendían incluirla algunas veces en sus actividades, pero sus ofertas eran tan falsas que enojaban aún más a Jessica.

Notas de la sesión cinco:

Jessica dice sentirse aún más ignorada en los últimos seis meses. Ahora Jennifer está en primer grado y sus padres pasan más tiempo con ella, lo que deja poco tiempo para Jessica. Su enojo y resentimiento se han estado fortaleciendo, afectando su actitud en la escuela y en casa. Jessica siente como si tuviera un monstruo dentro de ella que solo quiere salir y desatar su ira contra el mundo. Recientemente Jessica no ha podido controlarse a sí misma y se ha metido en muchas peleas.

Sesión privada con los padres de Jessica:

Ambos padres estuvieron de acuerdo y confirmaron el relato de Jessica de que no estaban emocionalmente disponibles luego de la muerte de Jonathon. Ellos se sintieron mal por eso y trataron de compensar a Jessica; sin embargo, la mayoría de las veces sus esfuerzos eran rechazados o ignorados. Jessica seguido les decía: "Estoy bien. Me gusta estar sola". Ellos pensaron que lo mejor que podían hacer era dejarla sola y lidiar con su pena a su manera.

Este patrón persistió por varios años, Jessica siempre estaba sola haciendo lo suyo. Su madre dijo: "Ella siempre fue una buena estudiante y nunca se quejaba de nada. Realmente pensamos que ella era un chica introvertida... algo solitaria..."

siempre que le preguntábamos si quería hacer algo con nosotros decía que no. No queríamos obligarla a nada".

Jessica estuvo de acuerdo con esta historia, pero añadió que sentía que las invitaciones nunca habían sido sinceras. Ella insistió en que si ellos la amaran, la comprenderían mejor.

Notas de la sesión seis a la doce:

Las siguientes pocas sesiones se emplearon para trabajar con Jessica y sus padres individualmente, ayudándolos a procesar el dolor por la muerte de Jonathon y reparar la brecha en sus relaciones. Jessica pudo deshacerse de su enojo hacia sus padres y superar su pena por haber perdido a su hermano. También pudo deshacerse del resentimiento que tenía hacia su hermana.

Seguimiento de tres meses:

La relación de Jessica con sus padres está mejorando progresivamente. Ahora Jessica puede ver que la aman y la valoran como un miembro de la familia. Jessica vio cómo sus acciones afectaron su sentimiento de falta de amor. Su falta de interés a participar en las actividades familiares y el decirles constantemente que le gustaba estar sola fue la causa de muchos malos entendidos y dolor. Jessica aprendió que necesitaba ser una participante activa al crear la vida que deseaba. También dice que se está llevando mejor con Jennifer.

Seguimiento de seis meses:

Jessica se unió al club de arte en la escuela y ahora tiene muchos amigos. Ella dice estar más feliz con su vida en general. Ya no existe la ira y ella siente paz. La relación con sus padres y Jennifer sigue mejorando; y de hecho, Jessica ahora le está enseñando a Jennifer cómo dibujar.

Lección aprendida:

Esta es una gran lección sobre la manera en la que creas tu propia realidad. Debido a la muerte de Jonathon y los consecuentes meses que le siguieron, Jessica aprendió a creer que no era amada. Sus padres estaban inmersos en su propio dolor, dejando a Jessica sentirse aislada, solitaria y no amada. Una vez Jessica creyó que no era amada, su mente subconsciente entró en marcha en busca de evidencia que apoyara sus creencias. Cada vez que sus padres no le prestaban atención era otra prueba para confirmar sus creencias. Cuando sus padres intentaban relacionarse con ella, Jessica se negaba. La creencia de Jessica de que no era amada y de que no podía serlo, le hizo imposible darse cuenta de que estas eran, ciertamente, actos de amor dirigidos a ella. En cambio, ella creyó que eran falsos intentos y se volvió más solitaria e irritable.

La experiencia de Jessica es un buen ejemplo de por qué la ayuda profesional es importante después de un suceso traumático. La familia pudo haber pasado juntos el duelo y posiblemente volverse más cercanos en vez de venirse abajo. Además, hubiera sido más fácil para Jessica aceptar a Jennifer desde un principio si Jessica se hubiera sentido segura en su relación con sus padres.

RECUERDA *que siempre eres tú quien está a cargo de tu realidad. Todo en lo que te concentres se vuelve parte de tu realidad. Si te concentras en la parte negativa de un* evento, tu experiencia será negativa. Entre más te concentres en los aspectos negativos, más fuertes se volverán tus creencias negativas. Sin importar si gastas tu tiempo y energía concentrándote en lo negativo o en lo positivo, gastarás tu tiempo y energía de algún modo. ¿Por qué no eliges entonces concentrarte en los aspectos positivos en vez de los negativos, y creas experiencias felices para ti? Tú mereces ser feliz, y tú estás a cargo de tu felicidad.

Autorreflexión

¿Cuál es tu mayor lección sobre este capítulo?

_____
_____
_____
_____
_____
_____
_____

¿Cómo puedes utilizar lo que acabas de aprender para tomar el control de tu mente y ser una versión de ti más feliz y confiada?

_____
_____
_____
_____
_____
_____
_____
_____

CAPÍTULO 8

No estoy a salvo

"No estoy a salvo" puede referirse tanto a la seguridad física como a la seguridad emocional y con frecuencia se presenta como:
- Las personas quieren lastimarme físicamente.
- Las personas quieren lastimarme emocionalmente.
- Soy demasiado débil para defenderme.
- Las personas son malvadas.
- La gente se aprovecha de mí.
- El mundo es tan aterrador.
- No puedo confiar en nadie.

Estudio de caso: Hailey
Cliente: Hailey, Edad: 13

Problema que presenta:

Pamela, la madre de Hailey, la ha traído porque ha estado cada vez más temerosa de estar sola. Hailey normalmente duerme con la puerta cerrada y las luces apagadas. Un día, sin razón aparente, Hailey tuvo una noche bastante difícil sin poder dormir. Desde esa noche en adelante, ella tenía que mantener la puerta abierta y las luces encendidas al ir a acostarse. En los meses posteriores, ella se volvió más ansiosa y asustadiza.

El nerviosismo y el miedo de Hailey al estar sola ahora son tan grandes que no puede estar sola por más de 10-15 minutos sin entrar en un estado de ansiedad que requiere la intervención de su madre. Ella sigue a su madre y a su hermano Jack, de quince años, constantemente alrededor de la casa. Hace poco le empezó a rogar a su madre para que la dejara dormir en su cuarto. Su hermano está resentido porque ha perdido una parte considerable de su libertad por tener que ser su "niñero".

Historia familiar:

Hailey es la menor de dos hermanos, fue criada por una madre soltera. El padre de Hailey murió de cáncer cuando ella era muy pequeña. Tanto Hailey como su hermano eran muy pequeños para entender el impacto de la muerte de su padre en ese entonces. Pamela no se ha vuelto a casar nunca y es una madre devota.

Historia social:

Hailey es una estudiante promedio de "B" con muchos amigos cercanos en la escuela y la iglesia. Se lleva bien con sus compañeros y con los adultos. Ha estado asistiendo a la misma iglesia semanalmente por muchos años y hasta hace cuatro meses era bastante activa en el grupo juvenil de su iglesia. Últimamente Hailey prefiere quedarse en casa con su madre y hermano.

Palabras que Hailey comúnmente oye de otros al describirla:

Buena, servicial, amigable, divertida, sociable, alegre

Palabras que Hailey usa para describirse a sí misma:

Común, ansiosa, asustada todo el tiempo, asustada de estar sola, infantil, algo está mal conmigo

Notas de la sesión uno:

Hailey es una niña dulce con sonrisa cautivante y voz suave. Ella estaba un poco nerviosa al principio pero entró en confianza fácilmente. Ella dijo: "Voy a hacer lo que usted me diga porque estoy cansada de estar asustada".
Hailey negó cualquier abuso, trauma o evento significativo en su vida. Afirmó no tomar alcohol o drogas.
Hailey se siente frustrada y confundida porque no entiende por qué le sucede esto. Se siente cansada de estar asustada y quiere volver a su vida normal. La vida era buena para Hailey hasta una noche, hace cuatro meses, en la que no logró dormir. Mientras Hailey daba vueltas en su cama, vio lo que ella pensó eran sombras moviéndose a lo largo de las paredes. Al principio ella no pensó mucho tiempo en eso porque sabía que estaba cansada, pensó que sus ojos le estaba jugando una mala pasada.
Así como transcurría la noche, Hailey iba y venía en sueños. Cada vez que se despertaba se volvía cada vez más ansiosa, y las sombras se hacían más y más notables.
En un momento, Hailey estaba segura de que había alguien en su cuarto. Tomó su celular y uso la función de linterna para comprobar y asegurarse de que no había nadie allí.
La noche siguiente Hailey tuvo problemas para dormir nuevamente. Esta vez, sin embargo, Hailey se sintió nerviosa inmediatamente y tuvo que abrir la puerta y encender las luces para sentirse cómoda. Esto le dio inicio al nuevo patrón de Hailey de dormir con la puerta abierta y las luces encendidas.

Unas pocas semanas después, Hailey estaba estudiando en su cuarto como siempre lo había hecho anteriormente. Su madre estaba preparando la cena en el piso de abajo y su hermano estaba viendo televisión en la sala. Nuevamente, sin razón aparente, Hailey sintió un gran nerviosismo y miedo de que algo estuviera mal. Ella bajó las escaleras corriendo para ver cómo estaban su madre y hermano. Hailey permaneció cerca de su madre por el resto de la noche.

Hailey empezó a pasar cada vez menos tiempo a solas. Al principio, Pamela disfrutaba la compañía y estaba disfrutando de verdad esta experiencia de unión entre madre e hija. Ella no se había dado cuenta de que había un problema hasta que Jack lo mencionó una noche durante la cena. Él le dijo a Pamela que estaba harto de que Hailey lo siguiera. Sentía que no tenía ninguna libertad porque a donde sea que estuviera, Hailey estaba justo ahí junto a él. Se sentía sofocado y exigió que parara.

Por primera vez, Pamela se dio cuenta de que la experiencia de unión entre madre e hija era, en realidad, Hailey siendo muy insegura. Mirando hacia atrás, Pamela se dio cuenta de que Hailey ya no pasaba tiempo a solas excepto para irse a dormir. Pamela tampoco pensó mucho sobre la nueva preferencia para dormir de Hailey, pero en retrospectiva, todo se volvió más claro.

Como un esfuerzo por ayudar a Hailey, Pamela comenzó a ser más firme, insistiéndole a Hailey que pasara más tiempo a solas cada día. Cada vez que Hailey lo intentó, duraba un máximo de quince minutos y después correría hacia Pamela llorando e hiperventilando. Pamela tuvo que ayudarla al guiarla en ejercicios de respiraciones profundas para que se tranquilizara.

Cuando Hailey empezó a rogarle a Pamela que la dejara dormir en su cuarto, ella finalmente se dio cuenta de la severidad del problema y buscó ayuda.

Aunque no hubo eventos significativos reales que llevaran a Hailey a experimentar esa noche en vela, fue muy traumática para ella. En esos estados intermedios del sueño, Hailey se sentía muy nerviosa e insegura.

Debido a que este evento fue tan significativo y específico, pudimos utilizar un método sencillo para distorsionar está película en su mente. Al final de la sesión, Hailey se fue sintiéndose más confiada en sí misma.

A la mañana siguiente, Pamela llamó para contarme que Hailey durmió con sólo una luz de noche encendida. Ella se fue a la cama sintiéndose un poco nerviosa, pero muy emocionada de comprobar si la sesión había ayudado. Esa fue la primera noche de descanso para Hailey en mucho tiempo.

Notas de la sesión dos:

La semana siguiente Hailey volvió con más entusiasmo para continuar nuestro trabajo juntas. Ella dice que ha podido dormir con las luces apagadas las últimas dos noches. Sin embargo, aún estaba asustada de pasar tiempo a solas y todavía pasaba mucho de su tiempo siguiendo a su madre y a su hermano. Pasamos el resto de la sesión trabajando en cambiar su mentalidad para aceptar que es valiente y segura.

Causa fundamental:

Durante la sesión tres, descubrimos un incidente que sucedió cuando Hailey tenía cuatro años. Hailey había ido a jugar al patio trasero sola, como lo había hecho muchas veces antes; sin embargo, cuando volvió a entrar a la casa esa vez, no pudo encontrar a su madre o hermano. Ella los llamó y los buscó por toda la casa. Estaba asustada porque no podía encontrarlos. En aquella ocasión, Hailey estaba segura de que alguien había entrado y los había secuestrado. Estaba aterrorizada de no volver a verlos.

Hailey recuerda haberse sentido extremadamente sola y muy asustada de que la gente que había secuestrado a su madre y hermano fuera a volver por ella. Recuerda estar demasiado asustada para llorar o moverse. A cada simple ruido que oía, ella creía que era el secuestrador que volvía por ella.

Lo próximo que recuerda es haberse despertado en la oscuridad, en su propia cama, con mucho dolor en su frente. Ella gritó llamando a su mamá y ella vino a ella corriendo.

Hailey se enteró después de que su madre y hermano simplemente habían salido de la casa para saludar a los nuevos vecinos. La mamá de Hailey vio que estaba jugando en el patio trasero y no quiso interrumpirla.

Cuando su mamá había vuelto a entrar en la casa encontró a Hailey durmiendo en las escaleras y la llevó a su cama. Evidentemente, debió haberse desmayado del miedo y se había golpeado la cabeza, pero su mamá no lo sabía. Ella simplemente pensó que se había quedado dormida esperando a que entraran y la llevó a la cama.

Nuevamente, debido a que este evento fue tan significativo y específico, pudimos distorsionarlo fácilmente. Hailey fue capaz de ver la imagen completa y aceptó que estaba a salvo y que su madre y hermano estuvieron también a salvo todo el tiempo.

Una vez Hailey entendió y aceptó completamente la realidad de la situación, fue capaz de seguir adelante.

Seguimiento de tres meses:

La vida ha vuelto a la normalidad para Hailey y su familia. Hailey informó que ya puede dormir con las luces apagadas y que se siente cómoda al estar sola. Cuando ese antiguo miedo trató de volver, ella cerró sus ojos e imaginó que veía una película y la quitaba. De vez en cuando se imaginaba que cambiaba esa antigua película a su programa de televisión favorito. Eso le brindaba calma y tranquilidad inmediata. El usar esta técnica sencilla le ha ayudado a Hailey a tomar el control de su vida. Ahora participa activamente en su grupo juvenil incluso más que antes.

La mamá de Hailey hizo un paréntesis interesante: la motivación y la concentración de Hailey han crecido significativamente. Ahora ella obtuvo cuatro "A" y dos "B" en sus clases de la escuela.

Lección aprendida:

Esta es una lección fundamental sobre lo que puede hacer nuestra mente para mantenernos como rehenes. Aunque Hailey pasó por un trauma no "real", su imaginación y su creencia errónea de cuando era pequeña creó la creencia profundamente arraigada de que no estaba a salvo. Una vez que esa creencia es creada y colocada en el CI, se ejecuta en el trasfondo de la mente, buscando a su vez evidencia que la apoye. Tengo la certeza de que hubo muy pocas incidencias que validaran este sistema de creencia para Hailey. Sin embargo aquella noche en la que Hailey no pudo dormir definitivamente trajo esta antigua creencia escondida ante la mente subconsciente de Hailey. El Protocolo de lo Desconocido/Peligroso estaba en alerta máxima y Hailey sintió un miedo enorme a lo largo del día. Tuvo que mantenerse a lado de su madre por seguridad. Cuando estas emociones vinculadas a esta creencia fueron neutralizadas Hailey pudo darse cuenta de que ella y sus seres queridos estaban a salvo. El Protocolo de lo Desconocido/Peligroso se desactivó y Hailey estuvo una vez más en paz.

> **RECUERDA** *Tu mente subconsciente no es capaz de diferenciar entre lo que es real y lo que es vívidamente imaginado.*

En el caso de Hailey, su imaginación a la edad de tres años fue lo que luego le causó gran dolor y pena en su vida.

Sé buena contigo misma. Si te atrapas creando escenarios hipotéticos aterradores en tu mente o reproduciendo experiencias dolorosas del pasado, oblígate a parar. Permítete enfocarte en algo diferente. Ya que cualquier cosa en la que te concentres se vuelve más grande en tu mente, ¿por qué no te enfocas en las cosas que te dan felicidad?

Espero que este libro y los cuatro casos de estudio que éste contiene te hayan ayudado a entender lo poderosa que es tu mente y de qué manera puedes desempeñar un rol al crear tus experiencias de vida.

> **RECUERDA:** *Tu eres la jefa. Está en ti darle los comandos a tu asistente para que te acerques cada vez más a tus sueños y metas.*

Si te encuentras a ti mismo alejándote de tus sueños y metas, haz una pausa, reevalúa, y redirígete a un plan de acción que mejor se amolde a tus necesidades. Puedes aprender a tomar el control de tus sentimientos, emociones y acciones. Puedes aprender a tomar el control de tu vida.

Autorreflexión

¿Cuál es tu mayor lección sobre este capítulo?

_____
_____
_____
_____
_____
_____

¿Cómo puedes utilizar lo que acabas de aprender para tomar el control de tu mente y ser una versión de ti más feliz y confiada?

_____
_____
_____
_____
_____
_____

Libera tu confianza y aumenta tu autoestima

UNA GUÍA PARA LAS ADOLESCENTES:
Libera tu Superpoder Interno para conquistar el miedo y la duda en ti misma

Libro 3 de 3 de la
Serie Palabras de Sabiduría para las Adolescentes

Jacqui Letran

DUNEDIN, FLORIDA

Introducción

¿Sientes a menudo que otras personas son mejores que tú? ¿Te parece que son más despreocupados, más extrovertidos y más seguros de sí mismos? Hacen amigos con facilidad y parece que siempre les ocurren cosas buenas. Son divertidos, ingeniosos y llenos de encanto. Donde quiera que vayan, la gente se siente atraída por ellos. Hacen lo que quieren y dicen lo que piensan.

Estos rasgos positivos y agradables parecen ser algo natural para ellos. Pero para ti, la vida está llena de ansiedad, miedo y dudas.

¿Cuál es su secreto? ¿Cómo pueden hablar con cualquier persona de cualquier cosa con facilidad, mientras que a ti te cuesta mucho estar en presencia de otros, y mucho más mantener una conversación?

Sueñas con ser diferente. Sueñas con sentirte cómoda en tu propia piel. Sueñas con crear relaciones significativas, ir a por lo que quieres con confianza y sentirte feliz y satisfecha con tu vida diaria. Pero el miedo y las dudas sobre ti misma pueden estar frenándote, haciendo que te sientas atrapada e impotente para cambiar tu situación. Te sientes triste, sola e insegura de ti misma y de tu vida.

¿Y si hubiera una forma de cambiar todo eso? ¿Y si pudieras destruir tu miedo y tus dudas y ser fuerte y segura de ti misma? ¿Cómo sería si pudieras enfrentarte a cualquier situación con entusiasmo, valor y confianza? Imagina cómo sería tu vida y lo que podrías conseguir.

Imagínalo...

Te contaré un pequeño secreto: Ese entusiasmo, valor y confianza que admiras en los demás son habilidades que puedes aprender.

Claro que hay algunas personas para las que estos rasgos son naturales; pero si no has nacido con ellos, puedes aprenderlos. El caso es que puedes aprender a cambiar tus pensamientos negativos, destruir tu miedo y tus dudas, e ir a por lo que quieras con confianza. Puedes aprender a sentirte cómoda en tu propia piel y estar completamente a gusto mientras te expresas.

Has nacido con unos poderes increíbles dentro de ti, poderes a los que me gusta referirme como Superpoderes Internos. Si los aprovechas, estos Superpoderes Internos te ayudarán a ser feliz, resistente y exitosa en la vida. El problema es que no has sido consciente de que existen, ni de cómo utilizarlos.

Puede que hayas visto un indicio de ellos aquí y allá, pero no has reconocido su poder ni has tenido fe en tus poderes. Si no sabes cuáles son tus Superpoderes Internos, ¿cómo puedes aprovecharlos de forma consistente y lograr los resultados que quieres y mereces?

En este libro, aprenderás:
- Los siete Superpoderes Internos que garantizan que vencerás tus miedos y dudas.
- Crear un fuerte sentido de autoestima y una confianza inquebrantable.
- Herramientas fáciles de usar para cambiar tus pensamientos negativos por pensamientos potenciadores.
- Cómo conectar y fortalecer tus Superpoderes Internos.

- Cómo aprovechar y liberar tus Superpoderes Internos siempre que lo desees.
- Cómo vivir con todo tu poder y ser feliz, confiada y exitosa en la vida, ¡y mucho más!

Tienes muchos Superpoderes Internos que te hacen maravillosa en todos los sentidos. En este libro, he elegido compartir siete ISP específicos porque estos siete son tu mejor apuesta para destruir el miedo y la duda sobre ti misma; y para crear una autoestima duradera y una confianza inquebrantable.

Hay mucho escrito sobre cada uno de estos Superpoderes Internos y cada uno de ellos puede ser un libro independiente. Sin embargo, sé que tu tiempo es valioso y que tienes otras responsabilidades y actividades que atender. Por lo tanto, verás que estos capítulos son breves y directos al punto.

Presentaré suficiente información para que entiendas tus Superpoderes Internos sin atascarte con demasiada información. Al leer este libro y completar las actividades dentro de cada sección, aprenderás a aprovechar estos Superpoderes Internos de manera constante, aprovecharlos y liberarlos cuando quieras. Podrás aprender a ir tras lo que quieres con confianza y crear esa vida feliz y exitosa con la que has estado soñando

NOTA: Para obtener el máximo beneficio de este libro, trabaja en cada Superpoder Interno en el orden presentado, ya que los conceptos de cada uno se construyen en el siguiente.

CAPÍTULO 1

Todo está en tu mente

Tu mente está relacionada completamente con tus Superpoderes Internos. Es esencial que entiendas cómo funciona tu mente para que puedas realmente aprovecharla y cambiar tus pensamientos negativos por pensamientos positivos y poderosos.

En este libro, te daré una visión general del funcionamiento interno de tu mente. Si quieres profundizar en este tema, puedes releer el segundo libro de esta serie, titulado *"Lo haría, pero MI MENTE no me deja"*, donde se trata este tema en profundidad.

Tu mente consciente y subconsciente

Tu mente consciente es tu mente lógica. Es la parte de tu mente de la que eres consciente. Es la parte de tu mente que utilizas cuando te concentras en algo o aprendes cosas nuevas.

Por ejemplo: tu mente consciente te ayuda a aprender a practicar un deporte, como el tenis. Cuando estás en la fase de aprendizaje, te centras conscientemente en aprender las técnicas adecuadas, como por ejemplo, cómo sujetar la raqueta correctamente, cómo posicionar tu cuerpo para prepararte para recibir la pelota y la forma adecuada de mover tu cuerpo para crear un swing efectivo. Estos pensamientos y acciones son obra de tu mente consciente, algo que haces conscientemente y en lo que te concentras activamente.

Tu mente consciente también es responsable de ayudarte a tomar decisiones basadas en lo que tienes frente a ti y en lo que has aprendido de experiencias anteriores. Es la parte de tu mente que toma decisiones sencillas como: "Hoy quiero usar shorts porque hace calor".

También toma decisiones más complejas como: "¿Debería mentirle a mi madre para salir del problema, pero arriesgarme a que se entere y se enfade aún más conmigo?".

Tu mente consciente no funciona plenamente hasta alrededor de los siete años. Por eso, de pequeño creías en el Ratón Pérez, el Conejo de Pascua y Papá Noel (por no hablar de tu mejor amigo imaginario). Antes de los siete años, no tienes una mente lógica que funcione plenamente y que diga: "Eso no es cierto porque he aprendido tal y cual cosa y no coincide con lo que he aprendido".

A medida que te haces mayor y tu mente consciente se desarrolla más y más, empiezas a cuestionar si esas creencias son ciertas. Con el tiempo, dejas de creer en el Ratón Pérez, en el Conejo de Pascua y en Papá Noel porque tu mente consciente está completamente formada y puedes decidir lógicamente basándote en los hechos que has aprendido a lo largo de los años.

Tu mente subconsciente difiere mucho de tu mente consciente. La primera diferencia importante es que tú no eres consciente ni puedes controlar lo que ocurre en tu mente subconsciente. Todo lo que sucede en la parte subconsciente de tu mente ocurre sin que lo sepas y sin que lo controles. De hecho, todo lo que ocurre en tu mente subconsciente sucede automáticamente, como si fuera un programa que se ejecuta en piloto automático en el fondo.

Tu mente subconsciente funciona inmediatamente al nacer y uno de sus mayores trabajos es mantenerte viva y segura. Sin embargo, para la mente subconsciente, "segura" no significa "segura" de la forma en que probablemente lo defines hoy. En cambio, "segura" significa "No cambies. Quédate exactamente de la misma manera. El cambio da miedo. El cambio es peligroso. Si intentas cambiar, te harás daño".

Cuando haces algo nuevo o fuera de tu sistema de creencias, tu mente subconsciente se asusta. Cree que te estás poniendo en riesgo de fracasar, ser rechazada o sufrir. Por lo tanto, hará todo lo posible para que vuelvas a tu lugar "seguro", lo que significa volver a tus viejas costumbres y quedarte exactamente de la manera en la que estás ahora.

Para que vuelvas a tu lugar "seguro", tu mente subconsciente utiliza tácticas de miedo para evitar que tomes acciones y avances. Hará lo que sea necesario para que dejes de hacer esa nueva actividad y vuelvas a donde estabas. Esta es la razón por la que muchas personas dicen sentirse "atascadas" cuando se enfrentan a situaciones infelices o difíciles.

¿Cuántas veces has querido hacer algo, especialmente algo nuevo y que da un poco de miedo, e inmediatamente has empezado a sentirte ansiosa y llena de dudas sobre ti misma? Aunque realmente querías hacer eso, todo lo que podías pensar es en cómo podrías acabar fracasando, haciéndote daño o avergonzándote a ti misma. En lugar de seguir adelante y hacer lo que querías hacer, te detienes y te refugias en tu patrón conocido.

Esa es tu mente subconsciente trabajando. Tu mente subconsciente sabe cuándo tienes miedo o estás ansiosa, por lo que lo más probable es que dejes de estar pensando o intentando hacer eso que te causa miedo o ansiedad y vuelvas a tus viejas costumbres, las "seguras" y familiares. Cada vez que intentas algo y retrocedes, refuerzas tus creencias de "no puedo" o "así soy yo".

Tu mente subconsciente simplificada

Exploremos un poco más tu mente subconsciente; una vez que entiendas cómo funciona tu mente subconsciente, será mucho más fácil acceder a tus Superpoderes Internos.

Primero, quiero que pienses en tu mente subconsciente como una colección de películas dentro de una biblioteca de películas. En esta biblioteca de películas, hay cientos de miles de películas, ¡todas protagonizadas por TI! Imagina que hay un DVD para todo lo que has pensado, sentido o hecho. Son muchos DVDs, ¿verdad?

En tu biblioteca de películas está tu asistente personal, que en realidad es tu mente subconsciente. Su trabajo consiste en seguir grabando tus películas, almacenarlas y reproducirlas en el momento adecuado para ti. Además, tu mente subconsciente tiene un trabajo mayor: mantenerte a salvo. Por desgracia, la mayoría de las veces eso significa crear ansiedad, miedo y dudas sobre ti misma para evitar que te adentres en el territorio percibido como inseguro.

Además, tu mente subconsciente está programada para darte cualquier experiencia que busques de la manera más fácil y rápida posible. Sí, ¡has leído bien! Tu mente subconsciente está programada para darte cualquier experiencia que busques, de la manera más fácil y rápida posible, siempre y cuando lo que quieras coincida con tu sistema de creencias. La forma en que has percibido todas tus experiencias hasta ahora, ha sido debido a las peticiones que has hecho a tu mente subconsciente.

Podrías pensar: "Pero yo no pedí todo el estrés o el dolor que estoy experimentando, ni todos esos juicios que he estado recibiendo".

Aunque no parezca que hayas pedido esas experiencias, lo hiciste. No sabías que las estabas pidiendo porque aún no entiendes del todo cómo funciona tu mente, ni el enorme potencial de tus Superpoderes Internos. (Pista: ¡Son la clave para cambiar radicalmente la forma en que pides las experiencias futuras!)

Permíteme explicar cómo has estado pidiendo a tu mente tus experiencias hasta ahora. Cada pensamiento y sentimiento que tienes es una orden directa a tu mente subconsciente: "Esta es la experiencia que quiero tener. Dame esta experiencia".

Por lo tanto, cuando te estabas preparando para esa presentación en clase y te imaginaste que estarías nerviosa cuando sea tu turno, le diste a tu mente subconsciente estas órdenes: "Quiero estar nerviosa durante la presentación. Esta es la experiencia que quiero. Dame esta experiencia. Asegúrate de que esté nerviosa durante la presentación".

Siendo un asistente leal y fiel, tu mente subconsciente se pone a trabajar inmediatamente y escanea tu entorno, buscando cualquier cosa que pueda causarte nerviosismo. En el momento en que encuentra algo que podría hacerte sentir nerviosa, dirige toda tu atención a esa cosa.

Al mismo tiempo, tu mente subconsciente revisará tu biblioteca de películas, buscando las películas pasadas que podrían causarte nerviosismo en tu situación actual. Reproducirá esas películas para ti de forma automática en el fondo de tu mente. Además, creará una nueva película de lo que podría ocurrir en tu futuro, basándose en tus experiencias pasadas y en la experiencia actual que estás pidiendo.

Tu subconsciente no sólo repite todas las veces que te pusiste nerviosa al presentar delante de la clase; sino que también empieza a reproducir la nueva película que acaba de hacer de ti enredándote con tus palabras y fracasando estrepitosamente durante tu presentación de hoy. Cuando llega tu turno de presentar, te has puesto tan nerviosa que lo único en lo que puedes concentrarte es en el sudor de las palmas de tus manos, en el temblor de tu voz y en todas esas miradas críticas de tus compañeros.

La buena noticia es que una vez que entiendas a tu mente subconsciente y tus Superpoderes Internos, puedes enviar a propósito las órdenes correctas a tu mente subconsciente de una manera positiva y poderosa. De esta manera, tu mente subconsciente puede traerte una experiencia mucho mejor que la que has vivido en el pasado.

Hace un momento, mencioné que el trabajo de tu mente subconsciente es darte la experiencia que estás buscando siempre y cuando coincida con tu sistema de creencias actual. Tu sistema de creencias es el programa de tu mente subconsciente que funciona en piloto automático en el fondo. Cualquier cosa que creas que es cierta es lo que tu mente subconsciente buscará continuamente como evidencia.

Al igual que el concepto de que todos los pensamientos y sentimientos son órdenes directas a tu mente subconsciente ("Esta es la experiencia que quiero; dame esta experiencia"), tus sistemas de creencias también son órdenes directas. Sin embargo, los sistemas de creencias son más poderosos porque funcionan automáticamente en el fondo de tu mente todo el día. Ni siquiera tienes que pedir estas experiencias activamente a través de tus pensamientos y sentimientos.

Como humanos, tenemos la necesidad de tener la razón y nuestra mente subconsciente trabajará duro para asegurarse de que esta necesidad se cumpla. Para completar esta tarea, tu mente subconsciente generalizará, distorsionará o borrará detalles para que las únicas experiencias que tenga coincidan con su sistema de creencias.

Por ejemplo: si tienes la creencia de que eres olvidadizo, tu mente subconsciente ignorará cada caso en el que recuerdes detalles o lo distorsionará y lo llamará "pura suerte" o "una coincidencia" cuando te sorprendas recordando algo. Recuerdas mucho más de lo que olvidas, pero cuando te olvidas de algo, tu mente subconsciente lo traerá felizmente a tu conciencia.

Otro ejemplo de cómo tu mente subconsciente se asegurará de que tus experiencias coincidan con sus creencias es a través de la generalización. Digamos que un perro te mordió cuando eras joven, y esa experiencia te causó un dolor y miedo considerables. Para protegerte de otro episodio doloroso similar, tu mente podría crear la generalización de que "todos los perros son malos y te morderán". Esto hace que odies a los perros y que sientas miedo siempre que estés cerca de cualquier perro.

Por desgracia, los perros son muy buenos para percibir cuando alguien no los quieren o cuando alguien les tiene miedo. Para protegerse, los perros actuarán de forma agresiva cuando tú estés cerca porque perciben tu aversión y tu miedo. Esta generalización te permite tener razón e incluso influye en el mundo que te rodea (un perro en este caso) para proporcionarle la experiencia de que "todos los perros son malos"; cuando en realidad, la mayoría de los perros son bastante dulces.

Cómo controlar tu mente subconsciente

Hace un momento, aprendiste que cada pensamiento que tienes y cada sentimiento que sientes es una orden a tu mente subconsciente para que te dé más de la misma experiencia.

Aquí hay tres detalles más importantes para que puedas ordenar a tu mente de manera efectiva.

Las órdenes negativas confunden tu mente

Tu mente subconsciente no sabe cómo procesar las órdenes negativas. Las órdenes negativas son órdenes como "no quiero" o "ya no soy" o "no estoy". Básicamente, son cualquier orden que se centra en lo que no eres, o en lo que no quieres. Esto se debe a que para que tu mente subconsciente entienda completamente tu orden, tiene que crear una imagen o "ver" claramente la experiencia que estás buscando.

Digamos que quieres que tu hermano te traiga tu suéter azul y le dices: "¿Puedes ir a mi habitación y traerme mi suéter? No quiero el naranja". ¿Qué posibilidades hay de que tu hermano sepa que quieres que te traiga el suéter azul? Son mínimas, a no ser que sólo tengas dos suéteres: uno naranja y otro azul. Incluso en ese caso, ¿no sería mejor decirle: "Tráeme el suéter azul", para que sepa qué color debe buscar y pueda encontrarlo rápidamente para ti?

Tu subconsciente funciona de la misma manera. Cuando le das la orden "No quiero estar triste", al principio puede parecer una buena orden porque no quieres estar triste. Pero esa orden no ayuda a tu mente a entender tu verdadera petición. Todo lo que sabe es que no quieres la experiencia de estar triste; pero no entiende qué experiencia quieres en su lugar. Tu mente subconsciente no sabe si quieres sentirte enfadada, abrumada, desmotivada, asqueada o muchos otros sentimientos.

Para ayudar a tu mente subconsciente a entender tu orden, crea una imagen para cada una de las palabras de la orden que puedan tener una imagen asociada, que son "yo" y "triste" en este ejemplo. La imagen mental de esta orden es, por lo tanto, una imagen tuya estando triste. Entonces, la orden se convierte en: "Quiero estar triste".

Es muy importante centrarse en lo que quieres y no en lo que no quieres. Si dieras la orden, "Quiero ser feliz" o "Quiero estar relajada", tu mente subconsciente lo entendería y podría darte eso fácilmente.

Órdenes débiles contra fuertes

Tus órdenes pueden ser vistas como órdenes fuertes o débiles. Las órdenes fuertes captan la atención de tu mente subconsciente inmediatamente, y dirigen tu mente subconsciente de forma efectiva.

Una forma de pensar sobre esto es saber que tú eres la jefa de tu mente. Como jefa, puedes ser firme o débil con tus órdenes. Para dirigir tu mente subconsciente de manera efectiva y obtener los resultados deseados, elige órdenes fuertes y poderosas. Órdenes como "Yo elijo", "Estoy preparada", "Estoy decidida" o "Estoy comprometida" son órdenes muy fuertes.

Piénsalo. Cuando dices: "Estoy decidida a ser una estudiante sobresaliente", ¿cómo se ve esa imagen en tu mente? ¿Cómo te hace sentir?

Ahora, intenta conseguir el mismo resultado, pero con una orden más débil. "Espero ser una estudiante sobresaliente". ¿Cómo es esta imagen diferente en tu mente? ¿Cómo te hace sentir esta orden?

En la imagen "decidida", tú estás a cargo de tu resultado. Lo más probable es que te veas a ti misma yendo con confianza a por lo que quieres conseguir. Puede que te veas a ti misma dedicándole energía y esfuerzo en el estudio. Puede que te veas superando barreras para alcanzar el éxito.

En la imagen de la "esperanza", puede que te veas insegura mientras intentas trabajar para conseguir tu objetivo. La energía y el esfuerzo que pones en esas actividades no son tan fuertes ni tan persistentes como en tu imagen "decidida". Claro que puedes hacer algo de trabajo; pero dejarás más al azar.

Las órdenes débiles que debes evitar son órdenes como "deseo", "quiero" o "espero". Cuando deseas, quieres o esperas un resultado, tu actitud sobre cómo proceder no es tan sólida ni tan poderosa como cuando estás preparada, decidida o comprometida con tu objetivo.

Las órdenes comparativas vagas no ayudan

Tu mente subconsciente es muy literal, lo que puede hacer que crea que te ha dado con éxito las experiencias que has pedido, cuando de hecho, no lo ha hecho. Cuando le das a tu mente subconsciente una orden comparativa vaga que suena como "me gustaría tener más dinero", la parte de "más dinero" de esa frase es una comparación de una cosa con otra. Sin embargo, no identifica realmente con qué se está comparando.

¿Qué significa exactamente "más dinero"? ¿Más dinero del que has tenido en tu vida? ¿Más dinero que quién? Si tienes un centavo más que hace un minuto, tienes, de hecho, más dinero, pero dudo que ésa fuera tu intención cuando hiciste la petición.

Si dijiste: "Estoy decidido a tener 100 dólares más de los que tengo ahora", tu mente subconsciente sabe exactamente lo que quieres, ¿no es así?

Supongamos que le das a tu mente subconsciente la orden: "Quiero ser más feliz". De nuevo, ¿más feliz que cuándo? ¿Más feliz que quién? Para tu mente subconsciente, si eres más feliz ahora que la semana pasada (cuando estabas abrumadoramente deprimida), entonces creerá que ya ha entregado con éxito la experiencia que le estás pidiendo y no tiene que hacer nada más que seguir dándote la misma experiencia.

Las órdenes fuertes, poderosas y claras como "Me comprometo a ser feliz" o "Estoy preparada para ser feliz" son grandes alternativas. Cuando utilices estas órdenes, tu mente subconsciente se ocupará de buscar razones para que seas feliz en ese momento y pruebas de que estás comprometida con tu felicidad.

Recuerda, para dar a tu mente subconsciente las órdenes más poderosas:
1. Concéntrate en tu resultado deseado y se específica.
2. Deja de centrarte en las cosas que no quieres o en la condición de la que quieres alejarte.
3. Utiliza palabras de mando fuertes como "elegir", "dispuesta a", "comprometida a" y "decidida a".

4. Evita las órdenes comparativas vagas como "más" o "mejor que". Si das una orden comparativa, es mejor dar una comparación específica.

Deja de ver esas películas horribles

Piensa en un tipo de película que odies absolutamente ver porque es incómoda o te estresa. En mi caso, son las películas sangrientas y violentas. Por el bien de este ejemplo, pretendamos que tú también odias ver películas sangrientas y violentas.

Ahora, imagina que acabas de tener un día muy estresante y quieres relajarte y ver algo en la televisión para olvidarte del estrés. Te sientas en el sofá y enciendes la televisión. Frente tuyo está la película más sangrienta y violenta que hayas visto nunca y el sonido de la gente gritando de dolor suena con fuerza.

¿Qué harías en ese caso?

Lo más probable es que apagaras el televisor, cambiaras de canal o te dedicaras a hacer otra cosa. ¿Alguna vez te sentarías frente a la pantalla del televisor y pensarías: "Por favor, que termine esta película; no soporto esta película; me siento tan impotente de que esta película se esté reproduciendo frente a mí, no hay nada que pueda hacer para detener esta película. Sólo soy una víctima"?

¡Por supuesto que no tendrías esos pensamientos en esa situación! Sería una tontería porque tienes el poder de irte, apagar la televisión o cambiar de canal. En ese momento, tomarías el control y serías la jefa de esa situación, ¿no es así?

¿Y si te dijera que, de hecho, te sientas frente a películas desagradables y actúas como una víctima impotente con bastante frecuencia? ¿Te sorprendería saber que lo haces? Pues bien, mi querida lectora, de hecho lo haces muy a menudo.

¿Con qué frecuencia repites en tu mente una escena de un fracaso real o percibido? ¿Y qué me dices de recordar cada detalle de una discusión, o de cómo alguien te maltrató alguna vez? ¿Cuántas veces has reproducido la película en la que pasaste vergüenza delante de tus amigos o compañeros de clase? Cuando piensas en esos acontecimientos, ¿cómo te sentiste? ¿Te sentiste poderosa y segura de ti misma, o te encontraste llena de ansiedad, miedo o dudas?

¿Recuerdas que antes dije que tu subconsciente es una habitación llena de películas sobre ti? Cada vez que repites una discusión o te castigas por algo que ocurrió en el pasado, lo único que estás haciendo es reproducir esa película horrible, repetidamente, y verla como si no pudieras cambiar de canal. Pones algunas películas tantas veces que se han colado en tu "lista de favoritos" automática.

Ya no tienes que ver esas películas ni escuchar su grabación. Puedes apagarlas. Al igual que la televisión, tienes diferentes canales en tu mente. Si tienes una experiencia que no te gusta, estate dispuesta a cambiar la emisora a otra cosa o a apagar la televisión por completo. Te mostraré cómo hacer esto cuando te enseñe sobre tus Superpoderes Internos.

Espero que a estas alturas estés teniendo muchos momentos de "¡Ajá!" y que las cosas tengan sentido para ti. Vamos a sumergirnos en esos Superpoderes Internos ahora, para que puedas empezar a tomar las riendas de ti misma y de tu vida.

Autorreflexión

Nota: Aunque estos ejercicios han sido creados para ayudarte a aprender a utilizar tus Superpoderes Internos, no sustituyen a la ayuda profesional. Asegúrate de hablar con tus padres o con un adulto de confianza para obtener la ayuda y el apoyo que necesitas.

Tómate cinco minutos para pensar en cómo sería tu vida una vez que entiendas tus Superpoderes Internos y puedas aprovecharlos constantemente para conquistar tu miedo y tus dudas. ¿Cómo sería eso? ¿Qué harías después? ¿Cómo cambiaría tu vida?

Usa tu imaginación y diviértete con esta autorreflexión. Escribe todas las cosas maravillosas que puedes hacer ahora porque eres fuerte, segura y valiente. Recuerda que debes soñar a lo grande.

_____

_____

_____

_____

_____

_____

_____

CAPÍTULO 2

El poder de las palabras

Las palabras son uno de nuestros mayores y más frecuentes Superpoderes Internos. Las palabras pueden crear inseguridades significativas, destruir relaciones y destrozar familias. Las palabras también pueden tener un efecto igualmente positivo. Pueden dar esperanza a una persona desesperada, curar un corazón roto y dar a alguien el poder y el valor para perseguir sus sueños.

Quizá pienses: "Un momento, ¿las palabras no son externas? ¿Cómo pueden ser un Superpoder Interno?".

Buena pregunta. Las palabras son un Superpoder Interno porque tus palabras provienen de tu interior. Incluyen las palabras que dices en voz alta, pero sobre todo, también las palabras que te dices a ti mismo cuando piensas y analizas las situaciones.

Por qué las palabras son un Superpoder

¿Alguna vez has hecho algo de lo que te sentías muy orgullosa y te hacía mucha ilusión compartir ese logro con tus amigos y familiares? Sin embargo, en el momento en que compartiste tu logro con alguien, te sentiste inmediatamente decepcionada, avergonzada o incluso triste. Quizás las palabras con las que respondieron te hicieron sentir criticada. Tal vez las palabras que utilizaron te hicieron sentir que no eres lo suficientemente buena. Puede que empieces a dudar de ti misma o incluso a insultarte. Puede que te preguntes si eres patética o incluso una estúpida por estar tan orgullosa de algo que a nadie más parece importarle. No estás sola en este patrón de pensamiento y sentimiento. Todos hemos tenido pensamientos negativos similares en el fondo de nuestra mente en diferentes momentos que nos han hecho sentir triste, asustado, incómodo o lleno de dudas. ¿Qué tan destructiva es esa forma de pensar?

Hace un momento, te sentías muy bien. Pero como alguien te dijo palabras duras o que no te apoyaban, tu nivel de felicidad cayó en picada. No sólo ha caído en picada tu nivel de felicidad, sino que quizás tu autoestima y la confianza en ti misma se han desplomado con la misma rapidez. A menudo, empezarás a utilizar palabras negativas hacia ti misma después de este tipo de acontecimientos. Tal vez pienses: "Soy una perdedora. A nadie le importo yo ni lo que hago".

Esas conversaciones silenciosas que tienes contigo misma son excepcionalmente poderosas porque puede que ni siquiera te des cuenta de que están ocurriendo. Aun así, tu mente subconsciente está prestando atención y está buscando pruebas para cumplir tu petición de experimentar ser una perdedora que no le importa a nadie.

Todo esto trabaja en conjunto para crear emociones negativas significativas que resultan en que dudes de ti misma, de tus habilidades, y tal vez incluso de tu autoestima. Ese es el poder de las palabras. Pueden llevarte desde la emoción y la felicidad total, a la tristeza, el miedo y la duda sobre ti misma en un instante.

La buena noticia es que las palabras también pueden tener un efecto muy positivo. Imagínate que en algún momento te sentiste deprimida, frustrada, aislada y sola. Ahora imagina que alguien te tiende la mano y te dice las palabras adecuadas, palabras que querías o necesitabas oír desesperadamente en ese momento.

Tal vez te sentías muy dolida e insegura y un amigo se acercó a ti y te dijo: "Vas a estar bien. Estoy aquí para ti". Pasaste de sentirte triste, sola o frustrada a sentirte mucho mejor casi inmediatamente. Tal vez incluso te sientas segura, apoyada, amada o feliz. Gracias a estas palabras amables y de apoyo, tu estado de ánimo cambió; ¡y cambió a la velocidad del pensamiento!

Empiezas a ver posibilidades donde antes sólo había limitaciones. En lugar de retroceder, buscas formas de superar este bloqueo. Te sientes motivada. Ves soluciones con facilidad y te sientes segura de tu capacidad para resolver tus problemas, o tal vez ves una salida. Éste es el poder positivo de las palabras.

Filtros de palabras

Tus palabras tienen un poder inmenso. Las palabras que utilizas para expresar tus pensamientos o sentimientos, ya sea en voz alta o en silencio para ti misma, son las mismas que crean tu realidad y tus experiencias vitales. En este sentido, es muy similar a la edición de una foto con una aplicación de filtros. Imagina que tomas una foto vibrante y colorida y le pones un filtro en blanco y negro. ¿Qué pasaría? ¿Seguiría siendo una foto vibrante y colorida, o se convertiría en una foto en blanco y negro? Si estás editando una foto con un filtro determinado y no te gusta el resultado, ¿vas a decir: "Oh, bueno... no hay nada que pueda hacer al respecto"? ¿O probarías otro filtro? Lo más probable es que pruebes otro filtro, o que, al menos vuelvas a la imagen original.

Nuestras experiencias vitales son muy similares a eso. Imagina que tus palabras son los filtros, o " Filtros de palabras", y tus experiencias vitales son las fotos. Cualquier filtro de palabras que elijas poner a tus experiencias de vida se convertirá en el resultado que veas en tus "fotos"; que es tu realidad. Cuando tengas una experiencia que no te guste, deberías estar dispuesta a jugar con diferentes filtros de palabras y crear las fotos que quieres en ese momento.

Por ejemplo, digamos que te presentaste a una prueba para un papel principal en la obra de teatro de tu escuela y no te eligieron. Los filtros de palabras que aparecen de forma natural pueden sonar como: "No merezco ese papel porque soy una actriz terrible. Todos los demás son mucho mejores que yo. ¿A quién quiero engañar? No soy buena en esto. ¿Para qué me molesto?" Cuando utilizas estos filtros de palabras para ver tu experiencia, ¿cómo te sientes? ¿Te sientes positiva y animada, o te sientes triste y desanimada?

En lugar de permitir que tus viejos filtros de palabras controlen tu estado de ánimo; ¿qué pasaría si decidieras utilizar tu Superpoder Interno de las palabras para expresarte?

¿Y si eliges pensar o decir: "Esa actriz consiguió el papel porque tiene tres años más de experiencia que yo? Soy una principiante y me comprometo a aprender y practicar para poder dar lo mejor de mí", o "No soy la persona adecuada para este papel y el papel adecuado para mí ya llegará". Cuando utilizas estos filtros de palabras, ¿cómo te sientes? ¿Te sientes triste y desanimada, o te sientes motivada para mejorar e inspirada para buscar nuevas oportunidades?

La realidad de la situación es que no has conseguido el papel principal. Sin embargo, la forma en que decidas ver ese acontecimiento te hará mejor y te preparará para la siguiente oportunidad o te arrastrará y desanimará tus ambiciones. La elección es tuya.

Tus palabras son así de poderosas. Y si eres descuidada con tus palabras, puedes crear dolor y miseria no deseados (¡e innecesarios!) para ti y para los que te rodean. Ten cuidado con las palabras que utilizas para crear las experiencias que quieres para ti y para los que te importan. Elige palabras que te apoyen, te animen y te inspiren cuando te dirijas a ti misma y a los demás. Puedes crear tus experiencias seleccionando las palabras que te dan poder.

El poder del "YO SOY"

En el idioma español, las dos palabras más poderosas, cuando se usan juntas, son las palabras "YO SOY". Lo que pongas detrás de "YO SOY" se convierte en tu realidad. Las palabras que siguen inmediatamente a "YO SOY" son tu declaración a tu mente subconsciente y al Universo: "Esta es quien soy. Asegúrate de que tenga esta experiencia".

Digamos que vas a una fiesta y te sientes un poco nerviosa. Te preocupa pasarlo mal porque crees que no le agradas a la gente o que eres torpe y no vas a encajar. Imagina que entras en la fiesta con estos pensamientos: "Me voy a sentir muy incómoda. Estoy muy nerviosa. Voy a sentirme y actuar de forma tan incómoda".

Estas son tus declaraciones y órdenes a tu mente subconsciente para que te asegures de tener estas experiencias. Tu mente subconsciente escuchará esos pensamientos como órdenes: "Quiero pasarlo mal. Asegúrate de que me sienta como si no encajara. Asegúrate de que me sienta incómoda, nerviosa y rara".

Siendo ese asistente dedicado, tu mente subconsciente se pondrá a trabajar y ajustará tu entorno para que, mires donde mires, puedas experimentar la fiesta a través de los filtros de palabras de tus órdenes de "YO SOY" negativas.

Mientras te sientas en un rincón, mirando nerviosamente a tu alrededor, por casualidad miras a alguien que tiene una expresión desagradable en su rostro; tal vez la veas como una expresión de asco.

Inmediatamente, empiezas a pensar: "¡Lo sabía! No debería estar aquí. Todo el mundo piensa que soy un bicho raro. ¿En qué estaba pensando? Soy tan estúpida como para pensar que podría encajar o divertirme". Mira lo que ha ocurrido: ¡una nueva avalancha de órdenes negativas que reforzarán tu experiencia y tus creencias!

¿Qué tan dañinas son tus palabras para tu confianza y autoestima? Porque levantaste la vista y viste a alguien con una expresión desagradable en la cara y los filtros de palabras que estabas utilizando eran negativos, has llegado instantáneamente a una conclusión destructiva que te ha hecho sentir peor sobre ti misma y tu situación.

En realidad, tal vez esa chica estaba pensando: "Me arreglé para Tommy y él ni siquiera me mira. No cree que soy atractiva". O tal vez esté pensando: "Me olvidé de apagar el rizador de pelo en casa. ¡Voy a quemar la casa! Siempre hago cosas estúpidas como ésta", y la mirada de asco que pone refleja su miedo y sus propios auto-juicios, que no tienen nada que ver contigo.

Estos dos ejemplos muestran cómo todos estamos "en nuestra propia mente", pensando en nuestros problemas. Las experiencias que tenemos son de nuestra propia creación, basadas en las palabras que elegimos cuando hablamos con nosotros mismos. Todos somos culpables de crear estas historias negativas en nuestra mente. Nos hacemos sentir temerosos, tristes o ansiosos sin otra razón que la de no sentirnos bien con nosotros mismos en esos momentos y no somos plenamente conscientes del poder de nuestras palabras.

Cómo conquistar el miedo y la duda usando el poder de las palabras

Si te sientes nerviosa en cualquier evento o situación, puedes tomar el control dando rienda suelta a tu Superpoder Interno de las Palabras y seleccionar un conjunto diferente de Filtros de Palabras. Tal vez puedas elegir un par de estos Filtros de Palabras diferentes
- "ESTOY BIEN. Todo estará bien".
- "ESTOY dispuesta a divertirme".
- "ESTOY tranquila".

- "ESTOY emocionada por probar algo nuevo".
- "SOY valiente".
- "ESTOY emocionada por conocer gente nueva".
- "ESTOY lista para divertirme".

Cuando elige filtros de palabras positivas como estos, le das a tu mente subconsciente un conjunto de órdenes totalmente diferente. Le estás diciendo a tu mente subconsciente que utilice las lentes que te permiten tener experiencias positivas. Puede que incluso te encuentres divirtiéndote y conectando con la gente como nunca antes porque has elegido activamente usar tu Superpoder Interno de las Palabras para crear experiencias significativas para ti.

Ahora que conoces el Superpoder Interno de las Palabras, te animo a que realices los siguientes ejercicios para ayudarte a dominar este poder. Con la práctica, podrás conquistar fácil y eficazmente tu miedo y tus dudas.

Autorreflexión

Dedica unos minutos a responder estas preguntas y a proponer ejemplos para lo siguiente:

1. En una escala del 0 al 10 (siendo el 10 el más alto), ¿en qué medida era consciente de cómo mis palabras me afectaban a mí y a los demás antes de leer este capítulo? ¿Qué tan consciente soy ahora?

_____
_____
_____
_____

2. Escribir dos ejemplos de cómo las palabras que he estado utilizando me han causado dolor:

_____
_____
_____
_____
_____
_____
_____
_____
_____
_____

3. Escribir dos ejemplos de cómo las palabras que he estado utilizado han causado dolor a otra persona:

_____
_____
_____
_____
_____
_____
_____
_____

4. Escribir dos ejemplos de cómo las palabras que he utilizado me han apoyado, inspirado o motivado:

_____
_____
_____
_____
_____
_____
_____
_____

5. Escribir dos ejemplos de cómo las palabras que he utilizado han apoyado, inspirado o motivado a otros:

_____
_____
_____
_____
_____
_____
_____
_____
_____
_____
_____

6. Cuando hago algo mal, o cuando algo no sale como estaba planeado, las palabras que suelo utilizar al hablar conmigo misma son:

_____
_____
_____
_____
_____
_____
_____

7. Ahora que comprendo el poder de mis palabras, estoy preparada para elegirlas sabiamente. Aquí hay algunas palabras de poder o filtros de palabras que puedo elegir en su lugar:

Ejemplo:
- "Soy una principiante en ____ y eso está bien".
- "Bueno, eso no ha funcionado. En su lugar, probemos con _____".
- "Sé que puedo hacerlo mejor con la práctica".
- "Estoy dispuesta a dedicar tiempo a conseguir mis objetivos".

Es tu turno: Crea tres o cuatro filtros de palabras que puedas utilizar en el futuro.

_____
_____
_____
_____
_____
_____
_____
_____
_____
_____
_____
_____
_____
_____

CAPÍTULO 3

El poder de tu cuerpo

Tu cuerpo es uno de tus más poderosos Superpoderes Internos. Tu cuerpo es la forma en que te representas a ti misma (cómo te "muestras" o "apareces") ante el resto del mundo.

La posición de tu cuerpo, tu expresión facial y la forma en que mueves tu cuerpo dicen mucho sobre quién eres. Incluso antes de que la gente tenga la oportunidad de conocerte, ya habrá hecho muchas suposiciones sobre ti basándose en tu aspecto físico y en cómo te comportas.

Cuando comprendes el Superpoder Interno de tu Cuerpo, puedes mostrarte como una persona cálida y segura de sí misma a la que la gente está deseando conocer.

Cuando hablo del Superpoder Interno de tu Cuerpo, no me refiero a cómo vas vestida o a la talla de tu ropa, aunque pueden ayudarte a sentirte bien contigo misma. Tu verdadero poder está en cómo controlas tu cuerpo.

La forma en que mueves tu cuerpo tiene el poder de influir en tu estado de ánimo de forma drástica. Por lo tanto, tiene un impacto significativo en tus experiencias. En el pasado, se solía creer que nuestra mente era la única responsable de controlar nuestro cuerpo y, por lo tanto, nuestras acciones. En los últimos años, la Cognición Encarnada, un campo más reciente de la ciencia cognitiva (el estudio de la mente), surgió para demostrar que "la mente no sólo está conectada al cuerpo, sino que el cuerpo influye en la mente". Esto significa que nuestras mentes influyen en nuestros cuerpos y nuestros cuerpos en nuestras mentes.

Los descubrimientos de la investigación de la Cognición Encarnada son muy emocionantes porque nos ayudan a entender el papel tan importante que desempeña nuestro cuerpo para influir en nuestros estados de ánimo, acciones y experiencias. Cuando entiendas lo sencillos que son estos conceptos, podrás aprovechar el Superpoder Interno de tu cuerpo para destruir rápida e instantáneamente tu miedo y tus dudas, al mismo tiempo que aumentas tu nivel de confianza.

En términos sencillos, tu mente, o los pensamientos y sentimientos que tienes, influyen en cómo reacciona tu cuerpo. Del mismo modo, las acciones y posiciones de tu cuerpo influyen en cómo te sientes, lo que, a su vez, afecta a tus pensamientos, acciones y experiencias.

Por qué tu cuerpo es un superpoder

Para comprender plenamente el poder de tu cuerpo, vamos a hablar de dos conceptos muy importantes, los Programas de la Mente y los Programas del Cuerpo.

Los programas de la mente

¿Has notado alguna vez que cuando sientes una emoción intensa, como la tristeza, todo lo que te rodea, incluso las pequeñas cosas que normalmente no notarías, puede hacer que te sientas aún peor?

Esto se debe a que siempre que tengas una determinada emoción, tu mente subconsciente ejecutará automáticamente el correspondiente "programa de la mente" para esa emoción. Un programa de la mente se puede considerar como un programa de ordenador, que es un conjunto de procedimientos o comandos que tu mente debe llevar a cabo. El propósito de estos programas mentales emocionales es darte -y mejorar- la experiencia que has pedido.

En un capítulo anterior, aprendiste que tus pensamientos y sentimientos son órdenes directas a tu mente subconsciente: "Esta es la experiencia que quiero. Dame esta experiencia". Cuando te sientes triste, le estás dando a tu mente subconsciente la orden de: "Quiero sentirme triste. Dame esta experiencia". Tu mente subconsciente ejecutará inmediatamente el programa de tu mente para la tristeza.

Con el Programa de la Mente para la Tristeza en marcha, tu mente subconsciente buscará en su biblioteca de películas y encontrará películas de tu pasado que te causaron tristeza y comenzará a reproducir esas películas en un bucle repetitivo. Esto trae esos eventos pasados de vuelta a tu conciencia, causando que vuelvas a experimentar el dolor de esos eventos de nuevo.

Te quedas atrapada en tu cabeza, pensando en todos estos diferentes eventos dolorosos y tu tristeza persiste. Tal vez estés pensando en un determinado error que has cometido repetidamente. Tal vez estés pensando en todas las veces que la gente te ha rechazado y te ha causado dolor. O quizás estés pensando en todas las veces que te has defraudado a ti misma o a otra persona.

Al mismo tiempo que tus viejas películas se reproducen de fondo, tu mente subconsciente escudriñará tu entorno, buscando pruebas de por qué deberías estar triste. Cualquier cosa que tenga el potencial de hacerte sentir triste será recogida por tu subconsciente y señalada. Te vuelves hiper-consciente de las cosas que te entristecen, mientras que las cosas que podrían hacerte feliz se ignoran por completo.

Cada vez que reproduces el programa de tu mente para la tristeza y experimentas tristeza, tus creencias sobre la tristeza y sobre quién eres en relación con la tristeza se fortalecen. Te sientes atrapada dentro de este bucle, lo que puede hacerte sentir como si fueras impotente ante estos pensamientos repetitivos. Estos pensamientos negativos y recurrentes pueden incluso conducirte por un camino de mayor tristeza y crear sentimientos de ansiedad, desesperanza o incluso depresión.

Por si fuera poco, tu mente subconsciente dará un paso más, para enfatizar la experiencia que has solicitado. Utilizando las pruebas que ha recogido de tus películas anteriores, tu mente subconsciente creará una nueva película para ti. Sólo que esta vez, está ambientada en el futuro. En esta película, sigues atrapada en los patrones repetitivos que causaron tu tristeza: sigues decepcionándote a ti misma y a los demás, y la gente sigue rechazándote y haciéndote daño. Este pequeño regalo de tu mente subconsciente ayuda a mantenerte en la experiencia que habías pedido.

Este es un camino muy común para el programa de la mente para la mayoría de las emociones. Cuando tú estás en un estado emocional particular, tu mente subconsciente hará todo lo posible para continuar o aumentar ese sentimiento para ti: Reproducir tus películas pasadas, buscará pruebas externas y proyectará eventos similares en tu futuro. El resultado neto es que continuarás experimentando más de esos mismos sentimientos. Recuerda que tú pediste la experiencia, y tu subconsciente sólo está haciendo su trabajo y siendo un buen asistente para ti.

Los programas del cuerpo

Tu cuerpo también tiene sus propios programas para tus distintas emociones. Para simplificar, los llamaré "programa del cuerpo fuerte" y "programa del cuerpo débil".

Normalmente, cuando te sientes ansiosa, inferior, asustada o con otra emoción negativa similar, tu cuerpo ejecutará el "programa del cuerpo débil". Cuando el programa del cuerpo débil está en marcha, tú y tu cuerpo tienden a cerrarse. Tus hombros pueden empezar a sentirse pesados o tensos y puede que tu mirada se dirija hacia abajo. Puede que empieces a encorvarte, a cruzar los brazos o las piernas, o incluso a ponerte en posición fetal. Cuando te sientes mal contigo misma o con tu situación, tu cuerpo se encoge, como si quisiera esconderse o protegerse de cualquier peligro real o percibido.

Lo contrario ocurre cuando te sientes segura de ti misma, feliz o poderosa y ejecutas el "programa del cuerpo fuerte". Cuando te sientes bien contigo misma, tu cuerpo se abre de forma natural y tu mirada se enfoca hacia delante o hacia arriba.

Un estudio[2] en el que se comparan atletas olímpicos ciegos (algunos de ellos nacieron de esa manera) con atletas que pueden ver con normalidad, muestra la gran similitud entre los movimientos del cuerpo de los atletas en respuesta a la victoria

---

[2] Yong, Ed. Blind Olympic athletes show the universal nature of pride and shame. http://phenomena.nationalgeographic.com/2008/08/13/blind-olympic-athletes-show-the-universal-nature-of-pride-and-shame/

o a la pérdida de un evento. "Los ganadores inclinaban la cabeza hacia arriba, sonreían, levantaban los brazos, apretaban los puños e hinchaban el pecho, mientras que los hombros caídos y el pecho hundido eran las señales de identidad de los perdedores".

¿No es interesante? Incluso los atletas ciegos de nacimiento y que nunca han presenciado el movimiento corporal de otra persona mostrarían los mismos movimientos corporales en respuesta a la victoria o a la derrota. Esto se debe a que nacemos con estos programas corporales automáticos para nuestros sentimientos y son casi idénticos de persona a persona.

Piensa en una ocasión en la que hayas aprobado un examen difícil, hayas conseguido el punto ganador para tu equipo o hayas sido elegida para participar en algo que te hacía mucha ilusión. ¿Cómo reaccionaste físicamente? Tal vez chocaste los cinco con tus amigos. Tal vez saltaste o bailaste. O tal vez hinchaste el pecho y levantaste las manos en posición de victoria. Cada una de esas acciones demuestra el programa de tu cuerpo para la positividad y el éxito. Cuando te sientes bien contigo misma, tu cuerpo se abre de forma natural y ocupa más espacio como si dijera: "¡Mírame!".

Del mismo modo, piensa en una ocasión en la que hayas hecho algo de lo que te sientas realmente avergonzada o apenada. ¿Cómo reaccionó tu cuerpo? ¿Hiciste contacto visual directo con los que te rodeaban? ¿Te quedaste de pie con las manos en la cadera y mostraste con orgullo tu vergüenza o lástima, o te escabulliste con la esperanza de pasar desapercibida?

El programa de la mente y del cuerpo en acción

Volvamos al programa de la mente para la tristeza para mostrar cómo los programas de la mente y del cuerpo trabajan juntos. Una vez que has activado el programa de la mente para una emoción, éste funciona en piloto automático. Tu cuerpo reacciona en consecuencia activando el programa corporal correspondiente.

Digamos que te has peleado con un amigo y ahora te sientes triste. El programa de tu mente triste entra en acción. Empiezas a pensar en todas las otras veces que este amigo te ha causado dolor. Tus pensamientos pueden cambiar a otras personas que te han hecho daño y a otros acontecimientos tristes de tu pasado. Incluso puedes pensar en que ese amigo te volverá a hacer daño en el futuro.

Al mismo tiempo, tu cuerpo responde naturalmente cerrándose. Tu energía se cierra, cruzas los brazos sobre el pecho, te haces un ovillo o te vuelves apático. Puede que incluso te sientas mental, emocional y físicamente agotada. No quieres hacer nada ni hablar con nadie. Sólo quieres quedarte ahí; acurrucada en tu miseria.

Todo esto sucede simultáneamente porque tu mente y tu cuerpo están trabajando juntos, ejecutando sus programas individuales, para traerte la experiencia que has pedido, que en este ejemplo, es la tristeza. De repente, has pasado de sentirte un poco triste a sentirte muy triste. Si no haces nada al respecto y permites que estos programas se ejecuten, seguirás estando triste.

¡Aquí es donde se pone realmente emocionante! Tu mente y tu cuerpo tienen que ejecutar el mismo programa para que continúes en tu experiencia emocional actual. Esto es realmente importante, así que déjame decirlo de nuevo.

Tu mente y tu cuerpo tienen que ejecutar el mismo programa para que tu mente siga su camino y se aferre a tu estado emocional actual.

Cuando tu mente y tu cuerpo no están ejecutando el mismo programa, tu mente se confunde. Cuando tu mente se confunde, deja de ejecutar el programa emocional actual y tus sentimientos cambian. De este modo, tu cuerpo es muy poderoso en su capacidad de influir en tus sentimientos.

Cómo conquistar el miedo y las dudas utilizando el poder de tu cuerpo

¿Cómo puedes utilizar esta información para aumentar tu confianza y conquistar tu miedo y tus dudas?

Digamos que te sientes ansiosa y que el programa de tu mente para la ansiedad está en marcha y te hace pensar y recordar más eventos que inducen a la ansiedad. Tu cuerpo reacciona en consecuencia y pone en marcha el programa corporal para la ansiedad. Notas que tu cuerpo empieza a cerrarse y que tienes los brazos cruzados. Notas que estás mirando hacia el suelo y que te mueves incómodo en el lugar donde estás parado.

Cuando notes que tu cuerpo se está cerrando, ¿qué pasaría si decidieras aprovechar el Superpoder Interno de tu cuerpo y hacer algo diferente? En lugar de permitir que tu cuerpo se cierre, ¿qué pasaría si decidieras abrirlo? ¿Y si te mantienes erguida y fuerte, levantas los brazos, miras al cielo y sonríes con la sonrisa más grande, más segura o incluso más tonta que puedas imaginar? ¿Cómo crees que te sentirías si cambiaras así tu cuerpo?

Hagamos un ejercicio rápido para mostrarte cómo es esto. Empieza por ponerte de pie con los pies separados a la anchura de las caderas. Aprieta los músculos de las piernas y siente lo fuertes que son tus piernas. Ponte de pie, mira al frente y sonríe lo más fuerte que puedas. Además, pon las manos en las caderas o levántalas hacia el cielo.

¿Cómo te sientes cuando mantienes tu cuerpo de esta manera? ¿Qué ocurre con tu nivel de confianza en ti misma?

Para lograr esta actividad, ahora haz lo contrario. Empieza a encorvar el cuerpo, deja que los hombros se vuelvan pesados, cruza los brazos y mira hacia abajo, a los pies. Como extra, muérdete el labio ligeramente mientras arrastras los pies.

¿Cómo te sientes en esta posición? ¿Qué ocurre ahora con tu confianza en ti misma? Pasa de una postura a otra y presta atención a las palabras que te diriges a ti misma y a cómo te sientes de forma diferente cuando pasas de una postura a otra.

Ahora, imagínate entrando en un entorno social y viendo a un desconocido de pie, sonriendo cálidamente y haciendo contacto visual contigo. ¿Qué tipo de suposiciones harías sobre ese desconocido basándote únicamente en cómo se presenta con su cuerpo? ¿Lo verías seguro de sí mismo, amable y accesible?

A continuación, imagina que volteas a otro lado y ves a otra persona sentada sola en un banco con la cabeza baja y los brazos cruzados sobre el pecho. ¿Qué suposiciones harías de ella? ¿Parece segura de sí misma, amable o accesible?

Ahora, piensa en las personas que creías que eran tan afortunadas porque parecían seguras de sí mismas, fáciles de tratar y agradables. ¿Qué aspecto tienen? ¿Cómo mantienen su cuerpo? Para parecer más segura de ti misma y tranquila, todo lo que tienes que hacer es utilizar el Superpoder Interno de tu cuerpo. Tu cuerpo no sólo afecta a lo que sientes por ti misma, sino también a cómo te ven los demás y a la impresión que se llevan de ti.

Tienes el poder de tomar el control y ejecutar el programa de tu cuerpo positivo y exitoso siempre que quieras. Es tan sencillo como el ejercicio que acabas de realizar. Cuando adoptas una postura poderosa cuando estás ansiosa, esto confunde a tu mente porque este no es el programa de tu cuerpo para la ansiedad.

> **RECUERDA***: Cuando tu mente y tu cuerpo no están ejecutando el mismo programa, tu mente se confunde. Cuando tu mente se confunde, detiene su emoción actual. Entonces eres libre de elegir una nueva emoción que se adapte mejor a tus necesidades en ese momento.*

El resultado neto es que consigues romper el ciclo de sentirte como una víctima de tus emociones y en su lugar reclamar tu verdadero poder en el momento.

La próxima vez que te enfrentes a una situación que te provoque miedo o dudas, utiliza el Superpoder Interno de tu cuerpo. En lugar de encorvarte en tu silla, mirar hacia abajo a la mesa y retorcerte las manos mientras estás sentada en clase, esperando ansiosamente tu turno para dar tu presentación, siéntate erguida.

Utiliza el Superpoder Interno de tu cuerpo para relajar los hombros y dejarlos caer cómodamente. Descruza las piernas, gira las rodillas hacia fuera y planta los pies firmemente en el suelo. Mira directamente delante de ti o a la línea donde se unen la pared y el techo.

El simple acto de centrar tu energía y atención en mantener tu cuerpo abierto y fuerte romperá tu estado emocional negativo y te ayudará a lucir y sentir una sensación de confianza al instante. A continuación, puedes elegir los filtros de palabras que quieras para crear la experiencia que buscas.

Autorreflexión

Dedica unos minutos a responder a estas preguntas y a proponer ejemplos para lo siguiente:

1. Cuando estás nerviosa, asustada o tensa, ¿cómo reacciona tu cuerpo de forma natural?

_____
_____
_____
_____
_____
_____
_____

2. Cuando te sientes bien por algo que acabas de hacer, o sobre ti misma, ¿cómo reacciona tu cuerpo de forma natural?

_____
_____
_____
_____
_____
_____
_____

3. Comparte dos ejemplos concretos en los que tu cuerpo se cerró y te hizo sentirte aún peor sobre tu situación.

_____
_____
_____
_____
_____
_____
_____
_____
_____
_____

4. Comparte dos ejemplos concretos en los que tu cuerpo se haya abierto y te haya hecho sentirte bien con tu situación.

_____
_____
_____
_____
_____
_____
_____
_____
_____
_____

5. Piensa en las personas que admiras. ¿Cómo mantienen su cuerpo en situaciones de estrés? ¿Qué podrías aprender de ellas?

6. Piensa en las personas que admiras. ¿Qué aspecto tienen que te indica que están cómodas consigo mismas? ¿Qué podrías aprender de ellas?

CAPÍTULO 4

El poder de la imaginación

Piensa por un momento en algún recuerdo de tu infancia en el que hayas pasado muchas horas jugando con tu mejor amigo imaginario, divirtiéndote en tu tierra imaginaria y haciendo exactamente lo que querías. Si no tenías un amigo imaginario, piensa en un momento en el que estabas leyendo un gran libro y te perdiste completamente en una tierra imaginaria o te sumergiste en las aventuras que estabas leyendo. O tal vez piensa en un momento en el que estabas enferma en la cama y, en lugar de aburrirte, usaste tu imaginación y convertiste tu habitación en un gimnasio de la selva o en una estación espacial lista para volar al espacio exterior.

Deja de leer este libro durante unos minutos y, de la forma más vívida posible, trae a la memoria uno o varios recuerdos de una experiencia divertida de tu infancia. Tómate tu tiempo para hacer este ejercicio, de modo que puedas experimentar plenamente este siguiente Superpoder Interno.

Al imaginar estos acontecimientos de tu pasado, ¿cómo te sientes? ¿Cómo se posiciona tu cuerpo? Si te has tomado el tiempo de recordar vívidamente uno de esos maravillosos recuerdos, lo más probable es que te sientas un poco alegre, que los recuerdos divertidos te hagan sonreír y que tu cuerpo esté naturalmente abierto.

Puede que no lo supieras cuando eras más joven, pero en esos momentos estabas utilizando tu Superpoder Interno de la Imaginación para crear tu propia diversión y entretenerte. También estabas usando tu Superpoder Interno de la Imaginación para recordar esos maravillosos recuerdos justo ahora.

Por qué la imaginación es un Superpoder

La imaginación te ayuda a entretenerte, pero ¿qué es exactamente la imaginación y para qué más sirve?

La imaginación[3] se define como "el acto o el poder de formar una imagen mental de algo que no está presente a los sentidos o que nunca se ha percibido totalmente en la realidad". También se define como: "la capacidad de afrontar y tratar un problema" y "una creación de la mente".

Basándonos en estas definiciones, puedes ver por qué la imaginación es un Superpoder Interno. Con tu imaginación, tienes la capacidad de crear imágenes mentales de algo que ni siquiera existe en la realidad, ¡algo que tal vez nadie haya visto o siquiera pensado antes!

Con tu imaginación, puedes crear un sinfín de viajes y aventuras que te entretengan y te aporten emoción y felicidad. La imaginación te da la capacidad de ver diferentes ángulos de

---

[3] "Imagination." Merriam-Webster.com. 2017. https://www.merriam-webster.com (7 November 2017).

los problemas y de idear soluciones alternativas que te satisfagan.

Cuando aprovechas tu Superpoder Interno de la imaginación, tienes la capacidad de llenar tu vida de actividades divertidas que te aportan alegría y soluciones creativas que te llenan de una sensación de aventura o de logro.

Utilizas tu imaginación todo el día, pero probablemente has pensado poco en lo increíble que es tu imaginación. Puede que incluso le restes importancia a los poderes de tu imaginación diciendo: "No tengo una buena imaginación" o "Sólo está en mi imaginación".

Si crees que no tienes una buena imaginación, estás dando a tu mente subconsciente la orden: "Asegúrate de buscar pruebas de que no soy imaginativa". Siendo tu fiel ayudante, tu mente subconsciente entra en acción para darte la experiencia que acabas de pedir.

Has nacido con este precioso don y tienes una gran imaginación. Si no tuvieras una buena imaginación, no serías capaz de recordar acontecimientos pasados. Es con tu imaginación que eres capaz de "ver" la cara de tu amigo o sentir su cálido abrazo mucho tiempo después de haberse separado. Es tu imaginación la que te ayuda a decidir desde cómo resolver cosas divertidas, como rompecabezas o juegos, hasta cosas más serias, como la forma de arreglar las cosas después de haber herido a alguien.

Has estado utilizando tu imaginación y el poder de tu mente todo el tiempo. Sólo que no sabías lo poderosa que es tu imaginación, ni cómo usarla consistentemente para crear los resultados que quieres. Pero eso está a punto de cambiar.

Cómo conquistar el miedo y las dudas en ti misma utilizando el poder de tu imaginación

¿Sabías que es totalmente posible conquistar tu miedo y tus dudas aprovechando el Superpoder Interno de la imaginación? De sus estudios[4], La Dra. Stephanie Carlson, una destacada científica especializada en la investigación del funcionamiento de nuestro cerebro, determinó que: con la repetición, puedes convertirte en la persona que pretendes ser.

Lo que esto significa es que si quieres tener confianza en ti misma, puedes adquirirla fingiendo que la tienes. Para fingir, tienes que utilizar tu Superpoder Interno de la imaginación.

Recuerda que una de las definiciones de la imaginación es "formar una imagen mental de algo que no está presente o que nunca se ha percibido del todo en la realidad". Cuando te imaginas segura de ti misma, sólo estás formando una imagen mental de ti misma de una manera que no ha sido antes (o que no has sido consistentemente antes).

Piensa en todas las cosas increíbles de tu vida que tanto disfrutas, como tu teléfono inteligente, una consola de juegos o incluso tus zapatos favoritos. Para que esas cosas se hagan realidad y para que las disfrutes, alguien tuvo que imaginarlas primero. Y no sólo alguien tiene que imaginarlas, sino que además tiene que imaginarlas de una manera positiva, una manera que aporte ilusión a ese proyecto. Sin imaginación, nada se crearía.

---

[4] Carlson, Stephanie M. et al Evidence for a relation between executive function and pretense representation in preschool children. (2014) https://www.ncbi.nlm.nih.gov/pmc/articles/PMC3864685/

No es diferente para ti. Si quieres ser de una manera determinada, puedes utilizar tu imaginación para dar vida a esa versión de ti misma. Puedes utilizar el poder de tu imaginación para verte como una versión totalmente segura de ti misma. ¿Cómo te ves? ¿Qué estás diciendo? ¿Con quién estás? ¿Qué estás haciendo? Puedes utilizar tu imaginación para verte a ti misma persiguiendo lo que quieres con confianza y logrando tus objetivos con facilidad. Fíjate en lo bien que te sientes con sólo imaginar esa posibilidad.

He aquí otro detalle divertido sobre tu mente subconsciente que te ayuda a llevar a la vida real las cosas que imaginas:

> *Tu mente subconsciente no conoce la diferencia entre eventos reales o imaginarios. Para tu mente subconsciente, tus eventos reales o imaginarios son sólo programas. Como un programa, puede estar encendido o apagado.*

Si estás pensando, sintiendo o haciendo algo, tu mente subconsciente lo verá como un evento actual que está ocurriendo en ese momento.

Cuando te imaginas vívidamente abordando un problema con confianza repetidamente, tu mente subconsciente creerá que has tenido éxito abordando ese problema con confianza muchas veces. Si has tenido éxito en la superación de un problema diez o veinte veces, ¿seguirías teniendo el miedo o la duda la próxima vez que te enfrentes a ese problema?

No es probable.

Sin embargo, si todavía hay alguna duda, puedes cambiar eso imaginando la realización exitosa de esa tarea con facilidad y confianza otras veinte o cien veces.

Aquí hay otro hecho sobre tu mente subconsciente que es importante para crear tu resultado deseado. En un capítulo anterior, tú aprendiste que tu mente subconsciente es muy literal y obedecerá tus órdenes de la manera más fácil y rápida posible. Cuando utilices el poder de tu imaginación, asegúrate de utilizar términos en tiempo presente.

Esto debe verse como: "Tengo confianza en quien soy", en lugar de "Una vez que tenga confianza en lo quien soy, voy a...".

Cuando dices e imaginas: "Tengo confianza en quién soy", traes tus objetivos de confianza al momento presente. Tu mente subconsciente escuchará y obedecerá la orden: "Ahora tengo confianza en mí misma. Dame la experiencia de tener confianza en mí misma ahora".

Cuando dices: "Una vez que tenga confianza en quien soy, voy a...", le estás diciendo a tu mente subconsciente: "Dame la experiencia de tener confianza... algún día". Quiero tener confianza en mí misma en algún momento en el futuro".

Podrías decir: "Me parece bien tener confianza en mí misma algún día. No tiene que ser hoy". Aunque está bien que te sientas así, imagina cómo sería tomar el control y cambiar ahora.

Además, tu mente subconsciente necesitará que des esta orden constantemente para reescribir tu vieja programación. Ahora es el momento perfecto para dar esos primeros pasos para hacer tu cambio permanente.

¿Soy un fraude?

Seguro que has oído la expresión: "Finge hasta que lo consigas". Hay mucha razón en esa afirmación de acuerdo a la investigación de la Dra. Stephanie Carlson[5]. Sin embargo, para muchas personas, la idea de fingir algo o pretender ser alguien que no eres, se siente deshonesto y equivocado.

Muchas veces, he escuchado a clientes decir: "No quiero mentirme a mí misma. Eso no está bien". O, "Me siento tonta fingiendo ser alguien que no soy". Cuando finges hasta conseguirlo, puedes verlo como "fingir, mentir o engañar", o puedes verlo como "practicar".

Cuando vas al gimnasio y te ejercitas con pesas, ¿estás engañando a tu cuerpo para que desarrolle músculos? Por supuesto que no. Estás participando activamente en actividades que hacen que tus músculos se desarrollen. Estás, practicando con pesas para fortalecer y desarrollar tus músculos físicos.

La imaginación es un músculo mental. En lugar de pensar que te engañas a ti misma o te mientes, ¿qué tal si cambias esos filtros de palabras por "practicar", "fortalecer" o "desarrollar" tus músculos mentales? ¿Acaso no se siente bien si te dedicas activamente a desarrollar tus músculos físicos?

Puedes ver a tus músculos mentales de la misma manera y permitirte sentirte bien cada vez que practiques esta nueva habilidad. Con la repetición, tus creencias se hacen más fuertes y más desarrolladas y la química de tu cerebro cambia en consonancia.

---

[5] Carlson, Stephanie M. et al Evidence for a relation between executive function and pretense representation in preschool children. (2014) https://www.ncbi.nlm.nih.gov/pmc/articles/PMC3864685/

Tu estudio de creación personal

He aquí una forma divertida de ver tu imaginación. Piensa en tu imaginación como tu Estudio de Creación Personal, o "Estudio" para abreviar. Tu Estudio es tu patio de recreo privado, un lugar seguro donde puedes probar y practicar cualquier cosa que quieras desarrollar, ya sea una habilidad o algo que quieras crear.

Si quieres desarrollar un rasgo determinado o crear algo nuevo, puedes ir a tu Estudio y probar diferentes formas de dar vida a ese objetivo. Lo mejor de tu Estudio es que es tu propio lugar privado donde eres libre de probar y volver a probar hasta que estés contenta con el resultado.

En tu estudio no hay presión, no hay juicios. Si obtienes un resultado que no te gusta, puedes ajustar diferentes aspectos o desecharlo por completo. Tu Estudio está equipado con un botón de "repetición" que puedes utilizar tantas veces como quieras. Tienes el control total de lo que ocurre aquí.

Supongamos que tienes miedo a hablar delante de un grupo de personas y quieres cambiarlo. Puedes empezar por ir a tu Estudio y practicar visualizándote a ti misma acercándote a un grupo de personas, sonriendo y diciendo "hola". Imagina que las personas a las que te acabas de acercar sonríen y te devuelven el "hola". Hazlo varias veces para sentirte más cómoda.

A continuación, imagínate de pie en un grupo y estando totalmente presente. Esto significa que no estás en tu cabeza, tratando de pensar en cosas que decir. Más bien, estás ahí, escuchando la conversación y disfrutando del momento.

Ahora, imagínate a ti misma aportando algo a la conversación e imagina que la gente responde positivamente.

Si imaginas estos escenarios repetidamente y te sientes bien cuando los imaginas, ¿cómo crees que serás diferente en un entorno social real?

Aquí tienes una pista que te ayudará a tener éxito en las situaciones sociales: Cuando estás escuchando activamente una conversación, es mucho más fácil tener algo que decir porque estás oyendo lo que se dice y puedes responder adecuadamente. Cuando estás metido en tu cabeza, pensando en lo que tienes que decir, parece forzado y poco natural. Para cuando se te ocurre algo que decir, la conversación ya ha avanzado y lo que se te ocurrió puede no ser apropiado, lo que te hace parecer o sentirte incómoda.

RECUERDA: *Tu mente subconsciente no sabe la diferencia entre eventos reales o imaginarios.*

Si estás en tu cabeza pensando en que se reirán de ti por decir algo incorrecto, tu mente subconsciente creerá que, de hecho, acabas de tener esa experiencia.

Del mismo modo, si te tomas el tiempo de imaginarte a ti misma cómoda y divirtiéndote en una situación social veinte veces, tu mente subconsciente creerá que te has divertido en una situación social veinte veces: veinte eventos reales en los que estuviste cómoda y confiada mientras estabas con los demás.

Cuando por fin interactúes con un grupo por primera vez en la vida real, tu mente subconsciente pensará que es la vigésimo primera vez que interactúas en un grupo. Como las primeras veinte veces fueron tan maravillosas, tu mente subconsciente no tiene motivos para "protegerte" con el miedo o la duda. Así, puedes relajarte y disfrutar de tu tiempo.

Cada vez que te imaginas siendo exitosa, fortaleces tus músculos mentales y construyes las habilidades necesarias para sentirte cómoda en un entorno social. Lo mejor es que lo has hecho todo en tu Estudio, donde no hay riesgos, ¡sólo oportunidades para practicar!

El problema es que mucha gente no entiende el enorme poder de la imaginación. En lugar de utilizar su Estudio para fortalecerse, lo utilizan para practicar ser alguien que no quieren ser y crear escenarios que son perjudiciales para su salud emocional y física.

Antes de entrar en una situación social, se imaginan que van a una fiesta en la que todo el mundo se conoce y ellos son los únicos que no conocen a nadie. O se imaginan que son los únicos que están nerviosos y que dicen las cosas equivocadas con torpeza y que se ríen de ellos o los ignoran.

Esto, por supuesto, provoca un pensamiento negativo, que aumenta aún más su miedo, ansiedad y dudas. Cuando llegan a la situación social, su nivel de ansiedad es tan alto que, de hecho, se ven y actúan de forma torpe. Su cuerpo se cierra, se mueven incómodamente y no pueden establecer contacto visual con la gente.

Del mismo modo, algunas personas pasan tanto tiempo en su Estudio reviviendo acontecimientos dolorosos del pasado que les hace experimentar síntomas físicos de estrés. Este patrón de pensamiento negativo interfiere con su sueño, su capacidad de concentración y disminuye la calidad general de sus vidas. Todo esto lo crearon porque no entendieron el poder de su imaginación. Cada vez que te sorprendas a ti misma creando situaciones no deseadas en tu Estudio, debes saber que tienes el poder de detenerlo ahora. Puedes cambiar tus pensamientos negativos por pensamientos potenciadores.

Recuerda que tu mente subconsciente está siempre atenta a tus órdenes. Cuando piensas o sientes de una manera determinada (y lo haces usando tu imaginación), tu mente subconsciente hará todo lo posible para darte la experiencia que estás creando en tu Estudio.

Tu imaginación tiene un papel muy importante y vital para ayudarte a resolver problemas y ser feliz. Cuando te comprometes activamente con tu Superpoder Interno de la Imaginación y utilizas tu Estudio para practicar ser la persona que quieres ser, cambiarás el cómo te sientes sobre ti misma y cómo te sientes sobre tu mundo. Verás los problemas desde diferentes ángulos y se te ocurrirán nuevas formas de abordar y resolver esos problemas.

Este es un punto clave que debes recordar:

En cada situación, tienes que centrar tu energía y atención en algo, ya sea un aspecto negativo, neutro o positivo de ese acontecimiento. Tu mente no puede estar completamente en blanco. ¿Por qué no centrar tu atención en algo que te haga la vida más fácil y divertida?

Autorreflexión

Dedica unos minutos a responder a estas preguntas y a proponer ejemplos para lo siguiente:

1. Piensa en la última vez que utilizaste activamente el poder de tu imaginación, ya sea viendo una película, leyendo un libro o simplemente creando algo genial en tu mente. ¿Cómo te sentiste?

_____
_____
_____
_____
_____
_____

2. Piensa en una ocasión en la que hayas permitido que el poder de tu imaginación te superara y te volvieras temerosa o llena de dudas. ¿Qué estabas imaginando? ¿Cómo te sentiste?

_____
_____
_____
_____
_____
_____
_____
_____

3. Ve a tu Estudio e inventa dos formas diferentes de pensar sobre la situación que acabas de mencionar. Recuerda utilizar tus Superpoderes Internos de las Palabras y los Superpoderes Internos de tu Cuerpo junto con tu Imaginación para crear nuevos y poderosos escenarios. Diviértete en tu Estudio. Tus nuevos escenarios pueden incluir hadas, hombres lobo, unicornios y superhéroes, si quieres. Recuerda que éste es tu patio de recreo privado. Diviértete y aprovecha tu imaginación. ¿Cómo te sientes ahora, después de haber imaginado la situación bajo una luz diferente y positiva?

_____
_____
_____
_____
_____
_____
_____
_____
_____
_____
_____
_____
_____
_____
_____
_____
_____

CAPÍTULO 5

El poder de la valentía

Cuando piensas en la palabra "valentía" y en alguien valiente, ¿qué te viene a la mente? ¿Quién te viene a la mente? ¿Visualizas a alguien saltando de un avión a territorio enemigo en plena noche? ¿Te imaginas a alguien escalando una imponente montaña congelada o buceando con tiburones a cientos de metros de profundidad? ¿Piensas en alguien que se enfrenta a un grupo de personas hostiles, que se defienden y luchan por el cambio social o la justicia humana?

Para muchos, así es como ven la valentía. Para ser valiente, muchos piensan que deben realizar una tarea casi imposible llena de riesgos de lesiones personales o incluso de muerte. Son estos acontecimientos épicos los que se celebran en los medios de comunicación y de los que se habla sin parar alrededor de la mesa o entre un grupo de amigos.

Cuando se comparan con estos valientes héroes, muchas personas se sienten mal consigo mismas porque les cuesta pensar en levantarse de la cama y afrontar el día, y ni hablar de asumir ese tipo de riesgos enormes. Demasiada gente se queda atrapada en esta forma de pensar, que provoca dudas, miedo y un auto-juicio negativo.

Quizá tú también estés atrapada en este patrón y no sepas cómo dejar de sentirte mal contigo misma o con tu situación.

Una vez que entiendas la verdadera valentía y cómo aprovechar tu Superpoder Interno de la Valentía, la forma en que te ves a ti misma y de lo que eres capaz cambiará drásticamente para mejor.

Por qué la valentía es un Superpoder

La valentía[6] se define como: "la capacidad de hacer algo que asusta" y "la fuerza mental o moral para aventurarse, perseverar y resistir el peligro, el miedo o la dificultad".

En pocas palabras, la valentía es la fuerza y la capacidad de enfrentarse a algo que TÚ consideras aterrador, difícil o peligroso. Para ser valiente, no es necesario escalar el Monte Everest, domar bestias salvajes o enfrentarse a un pelotón de fusilamiento. Para ser valiente, sólo tienes que levantarte y enfrentarte a las cosas que TÚ temes y encuentras difíciles.

Según estas definiciones, eres valiente. Eres mucho más valiente de lo que te has dado cuenta y mucho más valiente de lo que te has atribuido. En palabras del ganador del Premio

---

[6] "Courage." Merriam-Webster.com. 2017. https://www.merriam-webster.com (7 November 2017).

Nobel de la Paz, Nelson Mandela: "aprendí que la valentía no era la ausencia de miedo, sino el triunfo sobre él.[7]"

Piensa en esa afirmación y luego piensa en las innumerables veces que diste un paso hacia algo que te asustaba por completo.

¿Qué tal esa vez que por fin pudiste entablar una conversación con alguien que te resultaba intimidante? Tal vez tu corazón palpitó rápidamente y te enredaste con tus palabras; pero lo hiciste. Y aunque los resultados no hayan sido los que querías, el hecho es que encontraste el valor para enfrentarte a tu miedo en ese momento.

¿Y la vez que te mantuviste firme y dijiste lo que querías decir? Sí, te dio miedo, y tal vez te hayas cuestionado a ti misma por decir lo que pensabas; pero el hecho es que lo hiciste. Lo hiciste con valentía. Miraste directamente a tu miedo y fuiste a por ello. Esto, en sí mismo, es un increíble acto de valentía que pasó desapercibido para el mundo que te rodea, y probablemente también pasó desapercibido para ti.

Has sido valiente muchas veces en tu vida; pero no te has dado el crédito y el reconocimiento adecuados. Ya no tienes que dejar que estos momentos increíblemente valientes pasen desapercibidos. Puedes reconocerlos, celebrarlos y, al hacerlo, aumentar tu conexión con tu valentía y la frecuencia con la que utilizas este Superpoder Interno a lo largo del día.

Cada pequeño y aparentemente insignificante acto de valentía que realizas refuerza tu autoestima y amplía un poco más los límites de quién eres. Cuando empiezas a notar y

---

[7]https://www.brainyquote.com/quotes/quotes/n/nelsonmand178789.html

celebrar estas victorias, por pequeñas que sean, te sientes bien contigo misma.

Recuerda que tu mente subconsciente siempre presta atención a tus pensamientos y sentimientos para saber qué tipo de experiencias buscas. Cuando celebras estas victorias, tu mente toma nota. Buscará más pruebas para demostrarte lo valiente y capaz que eres realmente.

Te sientes más segura de ti misma. Empiezas a pensar en ti misma de forma diferente. Empieza a pensar y actuar de forma diferente. Te permites correr más riesgos y hacer las cosas que quieres hacer porque confías más en ti misma.

El valor y la confianza que surgen de estos acontecimientos aparentemente sin importancia empiezan a tomar forma. Cada vez te sientes más cómoda desafiándote a ti misma y empujándote a conseguir objetivos aún mayores. Las cosas que una vez pensaste que eran grandes obstáculos se convierten en posibilidades y tus objetivos para un éxito aún mayor están ahora a tu alcance.

La valentía abre tu mundo; las posibilidades son infinitas. La verdadera valentía es actuar cuando sientes miedo y también es escuchar y seguir a tu corazón. El valor es aceptarse a uno mismo tal y como es. La valentía te permite seguir adelante cuando la vida se pone difícil. La valentía te permite conectar con los demás de forma profunda y significativa.

Hace falta valentía -mucha valentía- para permitir que los demás vean tus vulnerabilidades, tus cicatrices y tus peculiaridades. Hace falta valentía para soñar a lo grande y perseguir ese sueño hasta que se haga realidad. Hace falta valor para dejar atrás situaciones o personas que son tóxicas y poco saludables para ti. Cuando aprovechas tu Superpoder Interno de la Valentía y te enfrentas a tu miedo, te vuelves imparable.

Cómo conquistar el miedo y las dudas sobre ti misma utilizando el poder de la valentía

Muchas personas dudan de sí mismas y tienen tanto miedo que no pueden relajarse y ser ellas mismas. Se esfuerzan por evitar a las personas y situaciones que les dan miedo. Siempre están en alerta máxima, vigilando su entorno, buscando el peligro. Intentan continuamente ser la persona que creen que los demás quieren que sean. Esta necesidad constante de vigilar su situación y la necesidad autoimpuesta de averiguar quiénes tienen que ser en cada momento amplifica su miedo y sus dudas.

Imagina tener que adivinar lo que cada persona espera de ti y luego tratar de actuar de cierta manera para cumplir sus expectativas en cada interacción que tengas. ¿Qué tan agotador sería eso?

Con cada persona que intentas impresionar, pretendes ser la persona que crees que ellos quieren que seas y pierdes un poco más de ti misma. Pronto, pierdes la conexión con lo que realmente eres, y la belleza y la singularidad que te caracteriza se desvanecen. Esto te deja aún más confundida sobre quién eres. ¿Cómo puedes tener confianza y valentía cuando ni siquiera sabes quién eres y qué representas?

Lo mismo ocurre con el hecho de estar siempre en guardia ante posibles situaciones que puedan traerte dolor o decepción. Imagina que no puedes relajarte en ninguna situación porque estás continuamente buscando tu vía de escape. En lugar de estar presente y disfrutar de cada momento, te quedas atrapada en tu cabeza, pensando en todas las cosas que podrían salir mal para poder "prepararte". Cuanto más intentes controlar tu entorno y a los que te rodean, menos cómoda te sentirás en tu propia piel y más miedo y dudas crearás.

Cuando practicas actos de valentía, puedes eliminar la necesidad de controlar tu entorno y la necesidad de cambiarte a ti misma para complacer a los demás. La valentía te permitirá ser tú misma y sentirte realmente cómoda en tu propia piel.

He aquí un pequeño dato que quizá no conozcas y que te ayudará instantáneamente a vivir con más valentía:

El miedo sólo existe en tu imaginación. El miedo se crea recordando acontecimientos del pasado o imaginando acontecimientos del futuro. El miedo no existe en el momento presente.

Por lo tanto, si diriges toda tu atención a estar en el momento presente, eliminas instantáneamente tu miedo.

"¡Espera!", dirás. "Siempre tengo miedo. El miedo me acompaña en todo momento, ¡incluso en el momento presente!".

Analicemos un poco esas afirmaciones para ver si son realmente ciertas. Primero, piensa en la última vez que tuviste miedo. ¿Qué pensamientos pasaban por tu mente? Imaginemos que tenías una presentación en clase y tenías miedo. Probablemente tuviste alguno de estos pensamientos, si no es que todos:

1. Estaré muy nerviosa.
2. Me olvidaré de lo que tengo que decir.
3. Haré el ridículo.
4. La gente se reirá de mí.
5. Obtendré una mala calificación.
6. Se me da fatal hablar en público.
7. He hecho el ridículo en el pasado.
8. Tengo demasiado miedo.

Démosle un vistazo a las cinco primeras declaraciones. Estas declaraciones se basan en el futuro. Son cosas que temes y que esperas evitar en tu futuro.

Las declaraciones seis y siete se basan en tus experiencias pasadas. Crees que eres una terrible oradora en público por cómo te presentaste en el pasado y ves ese evento como si hicieras el ridículo.

Podrías decir que la declaración ocho se basa en el momento presente y tienes algo de razón. "TENGO" es una afirmación en tiempo presente; sin embargo, cuando profundizas y preguntas: "¿por qué tienes miedo?", la respuesta se basará en un acontecimiento futuro ("tengo miedo porque puedo fracasar") o en tus experiencias pasadas ("tengo miedo porque lo he hecho mal en el pasado").

En lugar de dejar que tus experiencias pasadas y el miedo al futuro controlen tus reacciones, ¿qué pasaría si aprovecharas tu Superpoder Interno de la Valentía para permanecer en el presente? Hace falta valor para dejar de lado los viejos patrones conocidos y empezar un camino nuevo y desconocido.

Mientras estás sentada en tu silla, esperando tu turno para presentar, en lugar de entretenerte con esos viejos pensamientos de miedo, ¿qué pasaría si te centraras en el momento? Quizás tu compañera de clase, Amie, está haciendo su presentación y tú centras toda tu atención en lo que está diciendo. Tal vez Amie lleva una camisa con un estampado muy bonito y tú te dedicas a trazar mentalmente el contorno de ese estampado.

Tal vez puedas dedicar tu tiempo a respirar lenta y deliberadamente y centrarte en tu Superpoder Interno de las Palabras para animarte o abrir tu cuerpo para mantener la calma y la confianza. Tal vez utilices tu Superpoder Interno de la Imaginación y practiques mentalmente cómo hacer tu presentación con confianza. Cuando dejes de lado con valentía el viejo parloteo de tu mente y hagas algo positivo por ti misma, mejorarás drásticamente tus resultados.

Recuerda que tener valentía no significa que no tengas miedo. Más bien, significa ver tus miedos y tomar medidas para superarlos. La mejor manera de fortalecer tu Superpoder Interno de la Valentía es haciendo algo valiente.

Podría parecer muy contra-intuitivo decir: "No tengo valor para hacer las cosas que quiero hacer, pero lo haré de todos modos porque quiero ser valiente".

Podrías pensar: "Para ti es fácil decir eso porque no tienes mi problema. No sabes lo que es ser yo y vivir con mi miedo. No sabes cuánto he sufrido ya".

Aunque es completamente cierto que no conozco tus circunstancias únicas, sí sé que todos luchamos con nuestros propios retos, miedos y dudas. También sé que la valentía es una habilidad que puedes aprender y dominar con paciencia y práctica. No te estoy sugiriendo que tomes tu mayor miedo y lo afrontes de frente. Ese método podría ser contraproducente y reforzar tu creencia de que tu miedo está justificado y es imposible de superar.

La valentía es otro músculo mental. Mejora con el uso constante. Para ejercitar los músculos de la valentía, empieza poco a poco y ve fortaleciendo tus músculos del valor a lo largo del camino. Encuentra pequeñas formas de exigirte a ti misma o de exponerte a cosas nuevas cada día. Puede que al principio te resulte incómodo hacer algo fuera de tu zona de confort. Cuanto más sigas superando tu zona de confort, más se ampliará tu zona de confort.

Digamos que cantar es una de tus pasiones y algo que se te da muy bien. Quizá quieras dedicarte a ello; pero la idea de actuar delante de los demás te aterra. ¿Qué pequeños pasos podrías dar para superar tu miedo?

Quizá el primer paso sea cantar unas cuantas canciones a tu familia. Tal vez sea cantar a un grupo de amigos cercanos. Para algunos, es más fácil hacer lo que les da miedo con gente que no conocen. Si este es tu caso, tal vez puedas buscar oportunidades para cantar a un pequeño grupo de desconocidos. ¿Podrías buscar oportunidades para cantar en una guardería o en una residencia de ancianos? Aumenta gradualmente el tamaño del grupo y la duración de tu actuación hasta que te sientas a gusto actuando para un público.

RECUERDA: *Puedes practicar y perfeccionar todos tus actos de valentía dentro de la seguridad de tu Estudio antes de hacerlo en la vida real.*

Con la práctica continua, los actos de valentía se convertirán en una segunda naturaleza para ti y tu confianza se hará cada vez más evidente en tu forma de vivir.

Autorreflexión

Dedica unos minutos a responder a estas preguntas y a proponer ejemplos para lo siguiente:

1. Piensa en tres ocasiones diferentes en las que hayas actuado con valentía pero no te hayas dado el crédito adecuado. Escribe todos los detalles relevantes.

_____
_____
_____
_____
_____
_____
_____

2. Al considerar los acontecimientos que escribiste en la primera pregunta a través de la lente de la valentía, ¿cómo te hizo sentir diferente?

_____
_____
_____
_____
_____
_____
_____

3. Vuelve a pensar en cada acontecimiento individualmente. Para cada evento, ¿hay algo que desearías haber hecho o dicho de manera diferente? Anota esas cosas.

_____

_____

_____

_____

_____

_____

_____

_____

_____

_____

_____

_____

4. A continuación, elige uno de esos eventos para practicar. Imagina que entras en tu Estudio y reaccionas de la manera que te gustaría. Practica esta forma de ser repetidamente hasta que te sientas cómoda. Este ejercicio te ayudará a reaccionar de esta manera en tu futuro. Siéntete libre de practicar la reacción que desees con los otros eventos, también.

CAPÍTULO 6

El poder del perdón

¿Con qué frecuencia piensas en los momentos en que fuiste herida, maltratada o rechazada por otros? Cuando repites esos acontecimientos en tu mente, ¿cómo te hicieron sentir? ¿Qué emociones surgieron para ti? Lo más probable es que cuando pensaste en esos sucesos, hayas sentido varias emociones fuertes como: tristeza, miedo, dolor, decepción, traición, inferioridad, ira, impotencia, soledad, vergüenza u otros sentimientos igualmente negativos. ¿Te ha ayudado alguna vez sentirte así? Para la mayoría de la gente, la respuesta es "no".

De hecho, es probable que hayas experimentado que se te arruinó todo el día, no por lo que ha pasado ese día, sino porque has gastado mucho tiempo y energía sintiendo lástima por ti misma o castigándote por lo que deberías o podrías haber hecho de otra manera. Te gustaría poder olvidar las cosas con facilidad, como hacen otros a tu alrededor; pero no puedes dejar de pensar en lo que pasó y en cómo te han herido. ¿Cómo puedes perdonar y seguir adelante cuando no puedes dejar de revivir el dolor en tu cabeza?

No estás sola en este patrón. Como seres humanos, nos resulta fácil centrarnos en los acontecimientos negativos y reproducirlos. De hecho, estamos programados para ello. Nuestras experiencias vitales nos han enseñado a prestar más atención a las cosas negativas y a aferrarnos al dolor asociado a ellas.

Desde que eras una niña pequeña, has observado que la gente que te rodea presta más atención a los acontecimientos negativos y te da la impresión de que vale la pena prestarles una atención especial.

Piénsalo por un momento.

Hubo innumerables ocasiones en las que fuiste feliz jugando sola y nadie te hizo caso. Pero en el momento en que te hacías daño, herías a otra persona o hacías algo "malo", como una rabieta, todo el mundo a tu alrededor se apresuraba a prestarte más atención. Sí, parte de esa atención era negativa, pero seguía siendo atención igualmente.

Además, cuando ocurre algo terrible, la gente habla más de ello. Si es noticia, todos los canales de televisión transmiten la historia repetidamente. Parece que no puedes escapar de la historia, no importa cuántas veces cambies de canal.

Lo sepas o no, este tipo de sucesos hacen que tu subconsciente desarrolle creencias como: "Cuando me hago daño o hago algo malo, recibo atención extra", o "El dolor, los traumas y otros sucesos desafortunados son importantes. Presta atención a ellos". Así, cuando algo va mal o cuando alguien te hace daño, te aferras a esos recuerdos y los repites a menudo.

Piensa en una ocasión en la que tuviste una experiencia horrible en un restaurante. ¿Con cuántas personas compartiste esa experiencia? ¿Y en una ocasión en la que tu experiencia en un restaurante fue más o menos buena? ¿Con cuántas personas compartiste esa experiencia? Lo más probable es que le dijiste al menos al doble de personas sobre la experiencia negativa en comparación con la experiencia buena.

Cuando pienses en esos dos ejemplos de restaurantes, ¿cuántos detalles puedes recordar de cada incidente? Es probable que recuerdes muchos detalles de la experiencia terrible y no tantos de la experiencia regular. Esto se debe a que tu mente está programada para prestar atención a los acontecimientos negativos y recordarlos.

¿Recuerdas a tu amiga y asistente, la mente subconsciente? Tiene un papel vital a la hora de mantener los recuerdos dolorosos frescos en tu mente. Dado que su trabajo es mantenerte a salvo del peligro (real o imaginario), tu mente subconsciente no sólo recordará todas tus experiencias dolorosas, sino que también escudriñará continuamente tu entorno en busca de evidencias de malas acciones similares para impulsarte a evitar ciertas personas y situaciones.

Lamentablemente, esto hace que seas hipersensible a cada instancia en la que percibas que la gente puede maltratarte, o cuando creas que estás haciendo algo "malo". Esto a menudo te lleva a malinterpretar las situaciones y te crea un dolor innecesario.

Por qué el perdón es un Superpoder

El estrés es la causa número uno de muchos problemas de salud, como la presión arterial alta, los problemas de estómago, los dolores de cabeza y la depresión. Cuando tienes mucho miedo, dudas o ira, ya sea hacia ti misma o hacia los demás, tu nivel de estrés aumenta y afecta a tu salud en general.

*El perdón es la clave para reducir el
estrés y mejorar la calidad de vida.*

El perdón te libera de toda esa pesada carga (y del consiguiente estrés) y te proporciona un borrón y cuenta nueva para seguir adelante. Imagina este escenario por un momento. Acabas de tener una terrible discusión con una buena amiga, y sientes que ella fue mala e hiriente contigo. Has intentado explicarle por qué te sientes herida y molesta, pero ella no parece entenderlo. Te enfadas más y te retraes en tu interior. Tu amiga intenta quitarle importancia a la situación y te dice: "Deja de ser tan sensible. Ven a mi fiesta esta noche. Nos divertiremos mucho".

Si te aferras al dolor, lo más probable es que elijas quedarte en casa y no asistir a su fiesta. Incluso podrías pensar: "Voy a enviarle un claro mensaje sobre lo enfadada que estoy al no presentarme en su estúpida fiesta".

Entonces, en lugar de ir a la fiesta y divertirte como realmente deseabas, te quedaste en casa y reviviste tu ira y tu miseria. Tu amiga, en cambio, se lo pasó en grande en su fiesta. Es posible que piense brevemente en ti y que incluso se sienta triste por un momento por tu ausencia, pero lo más probable es que esté concentrada en los amigos que están allí y disfrutando de su tiempo con ellos.

Querías vengarte, pero al final, ¿quién sufrió realmente? Estabas tan absorta en tu dolor y en tus pensamientos de venganza que no pudiste disfrutar. Reprodujiste la pelea una y otra vez, lo que hizo que te enfadaras aún más con tu amiga. Puede que incluso estés tan irritada que le grites a tu hermano pequeño cuando te pide que juegues con él. Ahora eres tú quien reparte el dolor y ni siquiera te has dado cuenta. ¿Qué tan dañino es eso? Imaginemos que decides perdonar a tu amiga. Puede que al principio te sientas un poco incómoda porque no estás acostumbrada a dejar pasar las cosas fácilmente. Sin embargo, como has aprendido a liberar algunos de tus Superpoderes Internos, te metiste en tu Estudio y practicaste estas nuevas habilidades.

Durante treinta minutos seguidos, practicaste pasar tiempo con tu amiga en su fiesta, estar completamente presente y divertirte. Practicaste verte a ti misma completamente a gusto, riendo y conectando profundamente con esta amiga y otros amigos en su fiesta. A medida que practicaste estas nuevas habilidades en tu estudio, también practicaste un nuevo filtro de palabras:

"Me resulta fácil perdonar".

Con estas prácticas, empezaste a sentirte mejor con la situación y decidiste asistir a su fiesta. En la fiesta, notaste que te resultaba mucho más fácil divertirte. Tu amiga estaba encantada de que asistieras a la fiesta. Te da un gran abrazo y te agradece que estés allí.

Sales de la fiesta sintiéndote bien contigo misma y con tu amistad, y te llevas esa maravillosa energía a casa. Cuando tu hermano pequeño te pide que juegues con él, lo haces con gusto, y los dos comparten un precioso momento de unión.

La autora inspiracional Katherine Ponder dijo algo con lo que estoy muy de acuerdo: "Cuando guardas resentimiento hacia otro, estás atado a esa persona o condición por un vínculo emocional más fuerte que el acero. El perdón es la única manera de disolver ese vínculo y liberarse".

Cuando eliges perdonar, dejas de perder tu tiempo y energía repitiendo la misma historia de siempre y sintiendo lástima por ti misma. Ese es el poder del perdón.

> **RECUERDA**: *Cuando perdonas, te liberas para disfrutar de las cosas que más te importan.*

Puede que pienses: "Bueno, eso tiene sentido, pero ¿qué pasa si perdono a alguien y no cambia porque piensa que estoy bien con lo que hizo? O peor aún, ¿qué pasa si los perdono y piensan que soy débil y se aprovechan de mí aún más? No quiero ser amiga de alguien así".

Aunque es comprensible que tengas estas preocupaciones, ¿estás de acuerdo en que estas preocupaciones están basadas en el miedo? Si quieres conquistar tu miedo y tus dudas, puedes optar por alejar tu energía de los pensamientos conocidos basados en el miedo y centrarte en cambio en tus Superpoderes Internos.

Cuando perdonas, no significa que estés de acuerdo con lo sucedido, ni que hayas excusado sus acciones. Todo lo que significa es que has aceptado que la situación ocurrió y que no hay nada que puedas hacer para cambiar el pasado, por lo que estás eligiendo centrarte en el momento presente y en el futuro.

Tal vez se trate de un simple malentendido y puedas aclarar rápidamente las cosas manteniendo una conversación significativa que profundice en su relación. Tal vez haya una o dos grandes lecciones de las que puedas aprender para ayudarte a crecer como persona. Cuando perdonas, el acto de perdón es realmente para ti y no tanto para la otra persona.

Sí, sería bueno que pudieran entender lo que hicieron y cambiaran su comportamiento futuro por ello. Sin embargo, la decisión de cambiar depende exclusivamente de ellos. Tú no tienes ningún control sobre eso, independientemente del tiempo, la energía y el esfuerzo que inviertas en intentar que ocurra. Cuanto más intentes controlar o manipular la situación, más tiempo estarás atrapada y atada a esa persona. Es casi como si les dieras el poder de controlar cómo te sientes.

En cambio, puedes perdonar a esa persona y seguir adelante. Al hacerlo, reclamas tu poder. Es como si declararas: "¡Basta! Ya no puedes controlarme. Estoy a cargo de cómo me siento y cómo paso mi tiempo".

Perdonar tampoco significa que tengas que ser amiga de esa persona. Al igual que la otra persona puede elegir si quiere cambiar, tú puedes elegir si quieres mantener esa relación. El perdón sólo significa dejar de lado la negatividad para poder seguir adelante, con o sin esa persona en tu vida.

Hasta ahora, hemos hablado de perdonar a los demás y de cómo eso te libera. Hablemos de otra faceta del perdón que es igualmente importante, pero que a menudo se pasa por alto, y es el auto-perdón.

Piensa por un momento en algo que hayas hecho y de lo que todavía te sientas arrepentida, culpable o avergonzada. O tal vez piensa en un momento en el que se te defraudaste a ti misma o a otra persona, o te decepcionaste de alguna manera. ¿Cómo te frenan estos acontecimientos y los sentimientos asociados a ellos? ¿Te parece pesado y agobiante llevar contigo todos esos juicios sobre ti misma? ¿No sería bueno empezar de nuevo y avanzar sin esa carga?

Si quieres empezar de nuevo, puedes empezar por perdonarte a ti misma. Al igual que perdonar a los demás, perdonarte a ti misma no significa que estés bien con lo que hiciste. El auto-perdón significa que has reconocido que lo que hiciste no era deseable y que estás dispuesta a dejarlo pasar para poder dedicar tu energía a descubrir formas de mejorar esa situación o de reconciliarte con alguien a quien hayas podido herir.

Cómo conquistar el miedo y las dudas sobre uno mismo utilizando el poder del perdón

¿Cómo te ayuda el perdón a vencer tu miedo y tus dudas? Aferrarse a los sentimientos de dolor, ira o resentimiento sólo hace que te sientas peor contigo misma, con tu situación y, en última instancia, te hace dudar de ti misma. Puede que te sientas como una víctima. Puede que te sientas sola en este mundo. Tiene sentido que desees protegerte del futuro dolor.

Pero, ¿qué ocurre cuando intentas defenderte? Normalmente, la auto-protección significa pensar y recordar el acto que te causó dolor, con la esperanza de evitar que se repita. También significa tener que cerrarse en cierta medida.

Tal vez hayas sido rechazada o traicionada por un amigo; así que ahora tienes miedo de abrirte y dejar que la gente conozca tu verdadero yo. Tal vez los demás se hayan burlado de ti por expresarte, así que ahora te reprimes para no decir lo que quieres. Quizás hayas fracasado en algo importante para ti, y ahora ya no intentas asumir retos significativos por miedo a repetir el fracaso.

Digamos que un compañero de clase se ha metido contigo y ahora tienes miedo de estar cerca de esa persona. ¿Qué pensamientos tienes cuando esa persona está cerca de ti? ¿Te muestras como una persona feliz, confiada y despreocupada? ¿O te muestras enfadada, tímida y torpe? ¿Te muestras de una manera que hace difícil que alguien se burle de ti, o te muestras como un "blanco fácil"?

No estoy sugiriendo que sea tu culpa que se hayan burlado de ti. Definitivamente, tú NO tienes la culpa. Los acosadores serán acosadores, y tú no puedes controlar eso. Lo que sí puedes controlar es cómo te sientes y cómo te presentas ante los demás.

Recuerda que tu mente subconsciente siempre está trabajando para darte más de tu experiencia actual. Cuando te centras en el cómo esta persona se ha burlado de ti y te ha causado dolor, tu mente subconsciente buscará pruebas de lo mismo. Esto hace que estés en alerta máxima, y con miedo.

¿Recuerdas ese capítulo sobre cómo tu cuerpo es un superpoder interno? En ese capítulo, aprendiste que cuando tu mente está ejecutando un "programa mental débil" como el miedo, tu cuerpo se cerrará naturalmente, haciéndote parecer pequeña y desconfiada. Estos factores actúan conjuntamente en tu contra, facilitando que los acosadores sigan molestándote. La buena noticia es que puedes cambiar este patrón.

Imagina que has perdonado a la persona que te ha molestado y has dejado de lado las negatividades. En lugar de tomarte lo que ha dicho o hecho como algo personal, reconoces que esa persona está lidiando con sus propias cosas y que se estaba desquitando contigo. Eso no hace que la situación sea correcta; pero la sitúa en una perspectiva diferente para ti, ¿no es así? ¿Cómo te mostrarías de manera diferente ahora? ¿Qué pensamientos tendrías?

La próxima vez que veas a esa persona, en lugar de sentir miedo, podrías sentirte neutral o, mejor aún, incluso compasiva hacia ella. Como ya no te centras en el miedo, tu mente y tu cuerpo responderán de forma adecuada, y parecerás completamente diferente a los demás. Cuando enfocas tu energía en protegerte a ti misma, limitas tu energía positiva y limitas tu capacidad de estar en el momento presente.

RECUERDA: *El miedo sólo existe en tu imaginación. Creas el miedo recordando acontecimientos del pasado o imaginando acontecimientos del futuro. El miedo no existe en el momento presente.*

Cuando sales de tu cabeza y te centras en lo que tienes delante, eliminas el miedo y las dudas. Cuando no tengas que preocuparte tanto por cómo actuar, qué decir o cómo protegerte, te sentirás mejor y más fuerte en general. Tu autoestima y confianza aumentarán automáticamente. Puedes relajarte, ser tú misma y disfrutar de la gente que te rodea y del entorno en el que te encuentras.

Además, el perdón puede ayudarte a desarrollar y fortalecer tus otros Superpoderes Internos y restaurar tu paz mental. ¿Qué tan poderoso es eso?

NOTA: *El trabajo del perdón puede ser un reto para muchos. Aunque los siguientes ejercicios son útiles para liberar emociones no deseadas, no* *sustituyen a la ayuda profesional. Si tu situación es difícil de manejar o no sabes cómo proceder por tu cuenta, habla con tus padres o con un adulto de confianza y pide ayuda.*

También puedes hacer una búsqueda en Internet de "crisis adolescente" con tu ciudad y estado para encontrar recursos locales. Por ejemplo, "crisis adolescente Dunedin, Florida".

Autorreflexión

Dedica unos minutos a responder a estas preguntas y a proponer ejemplos para lo siguiente:

Perdonar a los demás

1. Piensa en una persona o situación por la que todavía guardas enojo o resentimiento. Anota la información clave relevante. (NOTA: Dado que con los ejercicios de este capítulo vas a tratar temas muy personales, tal vez quieras escribir tus respuestas en un cuaderno o diario aparte).

2. ¿Cómo te ha frenado la negatividad y el dolor de este acontecimiento? ¿Qué es lo que NO estás haciendo y quieres hacer? (Ejemplo: No estoy probando cosas nuevas.) ¿Qué estás haciendo que quieres DEJAR de hacer? (Ejemplo: Digo que sí a cosas que no quiero hacer porque quiero agradarle a la gente).

_____
_____
_____
_____
_____
_____
_____
_____
_____
_____

3. ¿Tienes miedo de que ocurra algo malo si perdonas a esta persona o situación? Expresa cualquier temor que tengas.

_____
_____
_____
_____
_____
_____
_____
_____

4. ¿Cómo puede mejorar tu vida el hecho de perdonar a esta persona o situación? ¿Qué puedes hacer, pensar o sentir ahora sin el peso de este asunto?

_____
_____
_____
_____
_____
_____
_____

5. Tómate un momento para notar lo bien que te sientes al soltar el peso de este problema. Con tu perdón, tienes el poder de darte este magnífico regalo de libertad para seguir adelante.

Perdonarse a ti misma

1. Piensa en algo que hayas hecho y de lo que te sientas arrepentida, culpable o avergonzada. Escribe todos los detalles relevantes.

_____
_____
_____
_____
_____
_____
_____

2. Mientras pensabas y escribías los detalles de ese acontecimiento, ¿cómo te hizo sentir? ¿Qué pensamientos tuviste?

_____
_____
_____
_____
_____
_____
_____
_____
_____
_____

3. ¿Por qué no te has perdonado a ti misma?

_____
_____
_____
_____
_____
_____
_____
_____
_____
_____
_____
_____
_____

4. ¿Qué temes que ocurra si te perdonas a ti misma?

5. ¿Qué puedes aprender de este evento?

6. ¿Cómo puedes utilizar lo que has aprendido para ayudarte a ser mejor persona?

_____
_____
_____
_____
_____
_____
_____
_____
_____
_____
_____
_____

7. Dedica unos minutos a imaginar esta versión mejorada de ti misma, habiendo aprendido una poderosa lección. Permítete aceptar esta lección y avanzar ahora.

CAPÍTULO 7

El poder del amor

El amor es una necesidad humana primaria y esencial. Hay miles de canciones sobre el amor. Hay miles de películas sobre el amor. Las vidas humanas se conciben como resultado del amor. El amor lo conquista todo. El amor hace girar el mundo. No falta inspiración para encontrar las palabras para describir el amor y sus efectos. Sin amor y afecto, no podemos prosperar. Ansiamos la sensación de ser amados y disfrutamos demostrando amor a quienes nos importan. El amor nos llena de una sensación de confort, pertenencia y seguridad. Cuando tenemos amor, la vida es más fácil y significativa. Cuando carecemos de amor, la vida parece solitaria y fría.

Hagamos un chequeo rápido del amor que tienes en tu vida. Deja de leer este libro y durante los próximos cinco minutos, toma un papel y haz una lista de todas las personas que amas. Tómate el tiempo de crear esta lista antes de continuar con el resto de este capítulo. Este es un paso importante para evaluar tu Poder del Amor. Adelante, agarra un papel y un bolígrafo o un lápiz. Pon el cronómetro en cinco minutos y ¡adelante! Crea tu lista libremente y anota a quien se te ocurra.

Echa un vistazo a tu lista. ¿En qué momento te has mencionado a ti misma? ¿Estás al principio de la lista, en el medio o al final? ¿Te has incluido en tu propia lista?

Es habitual que las personas se olviden de incluirse a sí mismas en su lista de "Personas que amo" porque centran su amor en el exterior. Cuando piensan en dar y recibir amor, creen que es un acto que viene de ellos mismos a otra persona o de otra persona a ellos.

Otros se sienten incómodos con la idea del amor propio, por miedo a parecer arrogantes o egocéntricos. Otros se sienten poco amables o se ven a sí mismos como no merecedores de amor propio.

¿En qué punto de este espectro te encuentras tú? ¿Te muestras el mismo nivel de amabilidad, amor y respeto que a los demás, o te tratas mal en estos aspectos? ¿Te dedicas tanto tiempo a ti misma como a los demás?

Aunque es un rasgo maravilloso amar a los demás y tratarlos con amor, es igualmente importante, si no más, amarse a uno mismo.

Para experimentar plenamente el Poder del Amor, tienes que empezar desde dentro y desarrollar un fuerte sentimiento de amor por ti misma. En este capítulo, cuando hablamos de amor, nos referimos al amor propio. Cuando te ames profundamente a ti misma, dar amor a los demás y recibirlo será fácil.

Por qué el amor es un Superpoder

Cuando piensas en el amor propio, ¿qué es lo primero que te viene a la mente? ¿Te emociona la idea de mostrarte a ti misma lo importante y merecedora que eres? ¿O la idea de dedicar tiempo a cuidar de ti misma y de tus necesidades te resulta extraña e incómoda?

Si se te dibuja una sonrisa en la cara cuando piensas en demostrarte a ti misma que te quieres, entonces vas por buen camino. Sigue mostrándote lo magnífica que eres.

Si te resulta incómodo pensar en el amor propio, trabajemos juntos para cambiarlo. Te mereces quererte y tratarte con respeto, amabilidad y compasión.

¿Por qué algo tan sencillo y beneficioso como practicar el amor propio es tan poco común y difícil para muchos? Parte de la respuesta puede estar en la definición de amor propio de nuestra cultura[8]: "1. Engreimiento 2. Consideración de la propia felicidad o ventaja".

Dado que parte de la definición de amor propio es "engreimiento" y "consideración de la propia ventaja", no es de extrañar que tanta gente se sienta incómoda con el concepto de amarse a sí misma. Después de todo, ¿quién quiere ser visto como una persona engreída o que sólo mira las cosas por su beneficio? En consecuencia, en lugar de mostrarnos amor a nosotros mismos y crear nuestra propia felicidad, damos amor a los demás y dependemos de otros para que nos den amor y nos hagan felices.

---

[8] "Self-love." Merriam-Webster.com. 2017. https://www.merriam-webster.com (7 November 2017).

¿Y si, en lugar de centrarnos en esos aspectos de la definición de amor propio, aceptáramos que el amor propio es "la consideración de la propia felicidad"?

Durante los próximos minutos, imagina que tienes total libertad para centrarte en crear tu felicidad personal. Para que quede claro, cuando digo "libertad para centrarte en crear tu felicidad personal", me refiero a la libertad para hacer lo que quieras por ti misma, siempre y cuando no estés infringiendo la ley a propósito o haciendo daño a otra persona.

¿Cómo sería eso para ti? ¿Cómo pensarías, actuarías o te sentirías de forma diferente si tus decisiones se basaran únicamente en tu felicidad y no en complacer a otra persona, o en preocuparte por lo que los demás puedan pensar de cómo pasas tu tiempo? ¿Qué tan liberador se siente dejar atrás el miedo, la duda, el juicio negativo, el arrepentimiento, la vergüenza y la culpa?

Eso es exactamente lo que el amor propio puede hacer por ti. Puede llenarte de sentimientos maravillosos que te motivan a vivir tu vida al máximo. En un nivel profundo, todos queremos sentirnos amados y saber que somos merecedores de amor. Todos queremos ser capaces de mostrarnos amor a nosotros mismos; entonces, ¿por qué a la mayoría de la gente le resulta difícil mostrarse amor a sí misma?

Creencias erróneas
Es egoísta centrarte en tus necesidades

Lo más probable es que, al principio de tu vida, el acto de amarte a ti misma y de hacer lo que te hace feliz fuera algo muy natural para ti. Imagina estos escenarios.

Estabas felizmente ocupándote de tus propios asuntos y haciendo lo que te hace sentir bien, en lugar de permitir que tu hermano te presionara para hacer lo que no quieres hacer. Tu hermano se enfadó contigo y te acusó airadamente de ser desconsiderada, desconsiderada o egoísta.

Tal vez en otra ocasión te regañaron porque les dijiste a tus padres que querías ir a casa de tu amigo como estaba previsto, en lugar de quedarte en casa cuidando a tus hermanos. Tal vez tus padres te gritaron y te dijeron lo decepcionados que estaban contigo. Dijeron que una buena persona pensaría en los sentimientos de los demás y sacrificaría sus necesidades para hacerlos felices.

Tal vez te dijeron que deberías avergonzarte por querer siempre las cosas a tu manera. La culpa, la vergüenza y un montón de otras cargas pesadas fueron puestas sobre ti y aprendiste lo mucho que eso duele.

Tu subconsciente estaba prestando mucha atención, como siempre lo hace. Registró todo este doloroso intercambio, y lo utilizará para ayudar a protegerte de experiencias dolorosas similares en el futuro. La próxima vez que pienses en hacer lo que te hace feliz, tu mente subconsciente entrará en acción para protegerte y reproducirá ésta y otras películas similares.

Empezarás a sentirte incómoda mientras te cuestionas a ti misma con preguntas como: "¿Es lo que quiero realmente tan importante? ¿Estoy siendo desconsiderada o egoísta?".

Y mientras tienes esos pensamientos y sientes la ansiedad que los rodea, decides hacer lo que la otra persona quería. Y por ello, recibes una recompensa. Tus padres te dicen lo orgullosos que están de que pienses en los sentimientos de los demás. Te dicen que eres una buena persona y te recompensan con más atención, cariño u otras muestras de aprecio.

Después de algunas de estas incidencias, creces creyendo que:
- Hacer lo que quiero es desconsiderado y egoísta.
- Es más importante hacer felices a los demás que a mí misma.
- Cuando sacrifico mis necesidades, soy apreciada por los demás.

No eres digna de cosas buenas en la vida

Estas creencias se vieron intensificadas por otras experiencias en tu vida que te hicieron sentir que no merecías cosas buenas. Tal vez, en un momento de enfado, tus padres te gritaron que dejaras de perder el tiempo en cosas "inútiles" (cosas que te gustaban hacer) porque debías centrarte en subir tus calificaciones y ayudar en las tareas de la casa.

O tal vez hayas escuchado a tus padres hablar de todos los sacrificios que han hecho para mantenerte a ti y a tus hermanos, y eso te hizo sentir culpable. Tal vez uno o dos amigos terminaron su amistad contigo porque no hacías lo que ellos querían.

Luego estaban todas las veces que te castigabas por arruinar algo o por defraudarte a ti misma o a los demás.

Experiencias como éstas reforzaron tu creencia de que tus deseos y necesidades no son tan importantes y que no eres digna de ellos. Para ajustarse a lo que los demás esperan de ti y ganarte el título de "digna", centras tu atención en satisfacer las necesidades de los demás mientras descuidas las tuyas.

Cuando sigues ignorando tus propias necesidades, pierdes la conexión con lo que eres y con lo que te hace sentir bien. Esto hace que tu autoestima caiga en picada y que tu insatisfacción contigo misma (y con tu vida) empeore.

No eres digna de ser amada porque tienes defectos

Incluso cuando tienes tiempo para centrarte en tus necesidades, puede que te cueste mostrarte amor a ti misma porque no puedes dejar de centrarte en tus defectos que percibes. Esto hace que te sientas indigna y que no mereces amor y felicidad.

Esta es una situación común entre los adolescentes. Comprueba si te sientes identificada con esta situación o con una similar. Se acerca una ocasión especial, tal vez un baile de la escuela o la fiesta de un amigo, y estás muy emocionada por asistir. Has encontrado el atuendo perfecto y tu pelo está estupendo. Pero esta mañana te has levantado con un gran grano en la cara.

En lugar de admirarte por lo bien que te ves y centrarte en lo divertido del evento, centras toda tu atención en el grano. En lugar de estar presente y disfrutar, estás metida en tu cabeza, pensando en tu grano, lo que hace que te sientas insegura sobre tu aspecto. En el evento, te resulta difícil disfrutar porque estás segura de que todo el mundo está mirando tu grano y juzgándote.

Si te sientes así a menudo, tengo una noticia para ti. Eres un ser humano. Mientras seas un ser humano, tendrás defectos que son percibidos. No hay forma de evitarlo. Si esperas a pensar que eres perfecta antes de amarte a ti misma, perderás una increíble oportunidad de ser feliz y realizarte ahora mismo.

Amarte a ti misma no significa que creas que eres perfecta o que siempre haces las cosas a la perfección. Amarte a ti misma significa que eliges aceptarte exactamente cómo eres, con todos tus defectos.

RECUERDA: Demostrarte amor y ser amable contigo misma son dos de las mejores cosas que puedes hacer para fortalecer tu autoestima y cambiar tu vida para mejor.

Cuando te amas a ti misma, te liberas de la presión constante de tener que hacer felices a los demás y de la pesada carga de vivir con interminables dudas y auto-juicios.

Sin la presión, las dudas y los auto-juicios, tendrás la libertad y la tranquilidad de explorar las cosas que te gustan, lo que te ayuda a crecer como persona. Cuando sabes quién eres y te sientes bien contigo misma, es mucho más fácil tomar decisiones positivas para ti.

El amor propio actúa como un antidepresivo y un tranquilizante natural. Cuanto más te quieras a ti misma y te trates con amabilidad, más fácil te resultará sacar tu fuerza y mantener la calma y la lucidez en situaciones difíciles.

El amor propio también facilita la recuperación de este tipo de acontecimientos. Cuando practiques el amor propio de forma constante, te convertirás en una persona más feliz y saludable, con un fuerte sentido de la autoestima. Tu capacidad para dar y recibir amor se profundiza porque ahora te ves como una buena persona que merece ser amada.

Cómo vencer al miedo y a las dudas sobre ti misma utilizando el poder del amor

Por un momento, piensa en cómo te has tratado a ti misma cuando tu miedo y tus dudas son grandes. ¿Te has mostrado amor a ti misma, o has mostrado falta de respeto o desprecio hacia ti? En esos momentos, ¿las palabras que te diriges a ti misma son de apoyo y amables, o empeoras la situación insultándote y reprendiéndote por tus defectos que percibes?

Piensa en las palabras que te dices a ti misma en esas situaciones. ¿Le dirías esas mismas palabras a un amigo, a un familiar o incluso a un desconocido cuando ya están deprimidos? ¿Estaría bien hablar a los demás de esta manera?

Lo más probable es que, si eres sincera contigo misma, la respuesta sea un fácil NO. No está bien hablarles a los demás de la manera en la que te hablas a ti misma cuando estás disgustada. Si les hablas a los demás como te hablas a ti misma, no tendrías muchos amigos. La gente pensaría que eres mezquina, abusiva o una matona.

Y sin embargo, de alguna manera, sientes que está bien hablarte a ti misma así. Este tipo de auto-conversaciones muestra un gran desprecio por ti misma y refuerza tu creencia de que no eres digna, o que no mereces amor. Esto no es precisamente una buena base para mostrarte amor.

En vez de castigarte a ti misma la próxima vez que sientas miedo o dudas, ¿qué pasaría si recurrieras a tu Superpoder Interno de las palabras para darte amor y apoyo? Una forma de demostrarte amor a ti misma es desafiarte para tratarte con el mismo nivel de consideración, amabilidad y respeto que le muestras a la persona que más quieres.

Si no te imaginas diciéndole alguna palabra a esa persona, evita decírtela a ti misma. Si te hace sentir bien usar estas palabras con esa persona, empieza a usar esas palabras para ti. Puedes elegir filtros de palabras positivas como:

- "Cálmate. Respira. Si puedes".
- "Creo en ti".
- "Todo saldrá bien".
- "Vamos a ver cómo resolver este problema".
- "¡Puedes hacerlo!"

También puedes entrar en tu Estudio y practicar la resolución de cualquier problema al que te enfrentes con valor, confianza y seguridad en ti misma. Utiliza tu imaginación para verte vívidamente conquistando tus problemas de varias maneras creativas.

Cuando practicas la confianza en ti misma y en tus capacidades, tu confianza se dispara. Te resultará más fácil enfrentarte a tus problemas y seguir tus sueños con valentía. Lo que sientes por ti misma y las palabras que utilizas cuando te hablas, se vuelven altamente positivas.

Con la práctica, te resultará más fácil priorizarte a ti misma y a tus necesidades. Tu mente subconsciente te ayudará a alcanzar tus sueños ayudándote a centrarte en tus aspectos importantes. Puedes practicar el amor propio perdonándote a ti misma y aceptando tus defectos mientras te permites ver lo mejor de ti.

Cuando te muestras a ti misma ese tipo de amor, apoyo y ánimo, ¿qué sientes? ¿Qué podrías hacer de forma diferente?

Además de mostrarte amor en los momentos que sientes miedo y duda, ¿qué pasaría si te mostraras amor a diario eligiendo actividades que te relajen, te inspiren y te recarguen? Cuando tomas la decisión consciente de nutrir tu cuerpo, tu corazón y tu espíritu, dejas muy poco espacio para el miedo y la duda. Si te sientes bien contigo misma y ves tus defectos o fracasos como oportunidades de crecimiento, ¿qué hay que temer?

RECUERDA: *Cuando te tratas a ti misma como una persona que merece amor, amabilidad y respeto, estás mostrando a los demás cómo tratarte.*

Realizar actividades de cuidado personal a diario te ayuda a liberar el estrés, te da más energía y te ayuda a verte y sentirte lo mejor posible para que puedas estar contenta contigo y con tu vida.

Recuerda incluir algunas actividades de cuidado personal que quizá no te parezcan muy divertidas, pero que sabes que son importantes para tu salud y felicidad en general, como comer sano.

Autorreflexión

Dedica unos minutos a responder a estas preguntas y a proponer ejemplos para lo siguiente:

1. Al principio del capítulo, creaste una lista de personas que quieres. ¿Lograste entrar en tu propia lista? ¿Cómo te sentiste cuando descubriste que mostrarte amor a ti misma es tan importante como mostrar amor a cualquier otra persona?

_____
_____
_____
_____
_____
_____
_____
_____
_____
_____
_____
_____
_____
_____
_____
_____
_____
_____

2. Piensa en un momento en el que te hayas sentido molesta o decepcionada contigo misma y hayas utilizado palabras duras y dañinas al hablar contigo. ¿Qué palabras usaste? ¿Qué insultos te dijiste a ti misma?

_____
_____
_____
_____
_____
_____
_____
_____
_____
_____

3. ¿Cómo te hicieron sentir esas palabras e insultos?

_____
_____
_____
_____
_____
_____
_____
_____
_____
_____
_____
_____
_____

4. ¿Cuál fue el resultado de esa situación? ¿Se resolvió, o aún persiste para ti?

_____
_____
_____
_____
_____
_____
_____
_____

5. Ahora, piensa de nuevo en esa misma situación; esta vez, con amor y amabilidad. Imagina tus pensamientos y tu conversación contigo misma a través de estos filtros de palabras. ¿Qué palabras elegiste para hablarte esta vez?

_____
_____
_____
_____
_____
_____
_____
_____
_____

6. ¿Estas palabras te hacen sentir de forma diferente?

_____
_____
_____
_____
_____
_____
_____
_____
_____

7. ¿Cómo crees que habría mejorado el resultado si te hubieras dirigido a ti misma con estas palabras cuando te encontraste por primera vez con este problema?

_____
_____
_____
_____
_____
_____
_____
_____
_____
_____
_____

8. Enumera dos o tres cosas que haces actualmente de forma constante para demostrarte a ti misma que te quieres. No es necesario que sean grandes gestos ni que requieran mucho tiempo. Utilizar palabras positivas y cariñosas al hablar contigo misma y permitirte aprender cuando se cometen errores, son algunos buenos ejemplos.

_____
_____
_____
_____
_____
_____
_____
_____
_____
_____
_____
_____
_____

9. Crea una lista de diez cosas que podrías hacer para demostrarte amor en el futuro. Recuerda que incluso las pequeñas cosas que haces que son buenas para ti o que te permiten sentirte especial son geniales. Cualquier cosa cuenta aquí, no importa lo pequeña o grande que sea, siempre y cuando te estés mostrando amor en el proceso.

Ejemplo: Comer una manzana en lugar de una bolsa de papas fritas, dar un paseo de veinte minutos después de cenar, escuchar música, jugar con tu perro, comprarte algo bonito, practicar filtros de palabras positivas, y meditar.

LIBERA TU CONFIANZA Y AUMENTA TU AUTOESTIMA

10. Ahora que eres consciente del Superpoder Interno del Amor, ¿estás dispuesta a empezar a mostrarte amor diariamente? Haz ese compromiso contigo misma ahora. Puedes colocar una nota adhesiva junto a tu teléfono o tu mesita de noche como recordatorio diario para realizar esta actividad vital de autocuidado. Incluso puedes llevar un anillo especial u otro accesorio que te guste, como símbolo de tu compromiso de mostrarte amor cada día.

CAPÍTULO 8

El poder de la perseverancia

Todos tenemos planes que no salen como esperamos, sueños que se desmoronan y cambios que escapan a nuestro control. Los contratiempos, los cambios y los obstáculos forman parte de la vida, una parte que nadie puede evitar por completo.

¿Cómo es posible que algunas personas se enfrenten a estas situaciones difíciles y siempre cambiantes y salgan adelante, mientras que otras se desmoronan ante la más mínima mención de tales desafíos? ¿Cuál es su secreto? ¿Cómo siguen avanzando cuando otros simplemente quieren rendirse cuando la presión aumenta?

El ingrediente secreto de las personas que siguen adelante cuando las cosas se ponen difíciles es la perseverancia. Algunas personas han nacido con la capacidad de perseverar y pueden superar incluso las situaciones más difíciles con aparente facilidad.

La perseverancia se define como "una persistencia constante en un curso de acción, un propósito, un estado, etc., especialmente a pesar de las dificultades, los obstáculos o el desánimo".[9]" La forma de afrontar los constantes acontecimientos imprevisibles de nuestra vida depende en gran medida de nuestra actitud, nuestro sistema de creencias y nuestro compromiso con nosotros mismos.

Puede que la perseverancia no sea algo que te resulte natural, y que la idea de superar las dificultades te suene francamente aterradora o incluso imposible en estos momentos. Afortunadamente para ti, la perseverancia, como todos los demás Superpoderes Internos, se puede aprender y fortalecer con la práctica.

Tener perseverancia puede significar la diferencia entre convertir tus problemas en oportunidades o permitir que tu miedo y tus juicios te causen ansiedad y te mantengan estancada. Teniendo en cuenta que a una persona promedio se le plantean retos inesperados todos los días, saber cómo afrontar estas situaciones de forma positiva te ayudará a avanzar en lugar de quedarte estancada.

La forma en que veas estos acontecimientos tendrá un impacto significativo en tu calidad de vida. En lugar de ver los desafíos como desastres y estar llena de miedo o autocompasión, ¿qué pasaría si los reconocieras como oportunidades de crecimiento? ¿Cómo sería tu vida si utilizaras estos retos como trampolines hacia un éxito y una felicidad aún mayores para ti?

---

[9] "Perseverance." Merriam-Webster.com. 2017. https://www.merriam-webster.com (7 November 2017).

Por qué la perseverancia es un Superpoder

¿Sabías que has perseverado en muchas situaciones difíciles a lo largo de tu vida? ¿Sabías también que la perseverancia es en realidad una parte muy natural de tu persona?

¿No me crees? Deja que te lo explique.

Cuando eras una bebé, no entendías cómo alimentarte. Las primeras veces que intentaste alimentarte con comida sólida, hiciste un completo desastre. Probablemente la comida terminó en tus mejillas, el mentón, la nariz y el suelo con más frecuencia que en la boca. Pero no te detuviste, ¿verdad? Seguiste avanzando y ¡mírate! Te alimentas sin esfuerzo y, sobre todo, te llevas la comida a la boca y no al suelo como antes.

También están las veces que intentaste aprender a caminar. ¿Cuántas veces te esforzaste por ponerte de pie, para luego volver a caer antes de dar tu primer paso? Tampoco te rendiste entonces, ¿verdad? Perseveraste.

Se podrían escribir varios capítulos, o incluso uno o dos libros, sobre todas las cosas que has superado que te han permitido ser una persona mejor y más fuerte. Lo haces a diario, sin darte cuenta de ello la mayoría de las veces.

¿Cómo sería tu vida ahora si a los once meses hubieras decidido que caminar era demasiado difícil y que tenías demasiado miedo de caerte y volver a lastimarte? Lo más probable es que la libertad de movimiento de la que ahora disfrutas y das por sentada como parte natural de tu ser no estaría disponible para ti.

Sé que este ejemplo puede parecer ridículo al principio, pero esta situación no es muy diferente de los retos a los que puedes enfrentarte ahora mismo. Piensa en ello. A los once meses, caminar era una tarea muy difícil y abrumadora. Tus músculos no estaban completamente desarrollados, ni eran lo suficientemente fuertes como para soportar tu peso sin esfuerzo. Apenas estabas aprendiendo a controlar tu motricidad.

La tarea de controlar tu cuerpo, que ahora es automática para ti, requería mucha concentración y esfuerzo por tu parte a los once meses. El simple hecho de levantarte del suelo te exigía un esfuerzo tremendo. Al principio, cada vez que te levantabas, volvías a caer.

Pero persistías.

Y no olvides los innumerables obstáculos -las sillas, la mesa de centro, el suelo resbaladizo- que hacían que caminar fuera un reto. Pero cada vez que te caías, te levantabas y lo volvías a intentar. Estabas decidida a dominarlo y, al final, lo conseguiste.

Al principio, sólo podías dar un paso o dos antes de volver a caer. Pero mantuviste el ritmo. Pronto, tus pasos se volvieron sólidos, y rápidamente evolucionaron para caminar distancias más largas. Al final, incluso aprendiste a correr.

Puede que te rías de este ejemplo; pero ese es el poder de tu perseverancia. Si hubieras renunciado a los once meses, tu vida habría sido muy diferente y, en este ejemplo extremo, estaría llena de retos significativos.

La perseverancia no sólo te ayuda a alcanzar tus objetivos y a aumentar tu confianza y autoestima, sino que cuando perseveras, te vuelves más sana mentalmente.

Dedica un momento a pensar en cómo te afectó un cambio, un reto o un contratiempo que te esforzaste por evitar. ¿Cómo fue esa experiencia? ¿Pensaste tanto en ello que te sentías frecuentemente preocupada, tensa o irritable? Cuando centrabas tanta atención en lo que querías evitar, ¿tenías la capacidad mental de relajarte y disfrutar? ¿Te sentías tan ansiosa que te resultaba difícil concentrarte o dormir bien? ¿Qué hay de tus relaciones? ¿Cómo se veían afectadas cuando estabas llena de estrés? ¿En qué medida estabas satisfecha con tu vida en ese momento?

Centrarse tanto en el problema o en lo que va mal en tu vida causa estragos en tu salud mental. Cuando te centras en el momento presente y en tus fortalezas, tu estrés disminuye y tu salud mental mejora.

No estoy diciendo que una vez que hayas decidido perseverar, todo encontrará mágicamente su lugar y se volverá fácil. Tendrás que seguir trabajando para crear los cambios que deseas y parte del trabajo podría ser aburrido o difícil para ti.

Sin embargo, cuando te enfrentas a tu miedo y trabajas para superar tu problema, tu actitud al respecto cambia. Recuerda que tu mente subconsciente siempre está buscando la siguiente orden tuya y hará todo lo posible para darte la experiencia que pides.

Cuando pienses en una situación como abrumadora o como algo que da miedo y de lo que hay que huir, tu mente subconsciente escaneará tu entorno y se centrará en todos los detalles que puedan reforzar tus sentimientos de agobio y miedo. Esto hará que la situación parezca aún más intimidante.

¿En qué experiencias te ayudaría tu mente subconsciente a centrarte cuando pienses en la misma situación con una actitud de "¡No tengo ni idea de cómo resolver esto, pero estoy decidida a solucionarlo!"? En este caso, tu mente subconsciente centraría tu atención en las formas de resolver tu problema. En lugar de traer a tu conciencia sólo desafíos u obstáculos, tu mente subconsciente comienza a mostrarte las opciones disponibles. Cuando empiezas a ver soluciones y posibilidades, tu nivel de estrés disminuye y tu confianza aumenta.

La perseverancia te ayuda a centrarte en el panorama general mientras te mantienes en el momento presente. Recuerda que el miedo se basa en tus pensamientos sobre el pasado o el futuro. Estar presente te ayuda a liberar el miedo y las dudas. Así podrás relajarte y centrarte en tus puntos fuertes, idear soluciones creativas y estar abierta a nuevas oportunidades y aceptarlas.

Las cosas que te estresaban y te causaban problemas en el pasado ya no tienen por qué serlo. Pueden ser una gran oportunidad de crecimiento si lo permites.

> **RECUERDA:** *La vida seguirá siendo impredecible y desafiante. La forma en que respondas a ella determinará tu resultado y tu satisfacción con la vida.*

Cómo conquistar el miedo y las dudas sobre uno mismo utilizando el poder de la perseverancia

La buena noticia es que aprovechar tu Superpoder Interno de la Perseverancia es más fácil de lo que crees. De hecho, si has leído los capítulos de este libro en orden, ya sabes todo lo que necesitas saber para perseverar.

Puedes cultivar un fuerte sentido de perseverancia sólo con el poder de las palabras. Sin embargo, cuando incorporas todos los Superpoderes Internos que has aprendido, esta tarea se vuelve mucho más fácil. Todo lo que tienes que hacer es practicar lo que has aprendido hasta ahora y tendrás éxito.

Durante los próximos minutos, piensa en un obstáculo que estés enfrentando y que parezca difícil de superar. Presta atención a los pensamientos que tienes y a cómo te hacen sentir. Piensa en todas las razones que te has dicho a ti misma por las que este obstáculo es tan difícil de resolver.

Tal vez has intentado resolverlo varias veces, pero no lo has conseguido. O tal vez no has intentado abordar este problema todavía porque tu miedo y tus dudas son demasiado grandes.

Cualquiera que sea la razón, ¿puedes notar que tal vez, tu incapacidad para resolver este problema proviene de una falta de confianza en ti misma que te impidió dar el siguiente paso de acción y seguir adelante?

Desbloquear tu Superpoder Interno de la perseverancia comienza con una mentalidad poderosa de "creo en mí misma. Sé que puedo manejar cualquier cosa que se me presente".

Pero, ¿y si no crees en ti misma y dudas de tu capacidad para manejar situaciones difíciles? No pasa nada. Aunque todavía no creas del todo en ti misma, debes saber que si decides aprovechar tus Superpoderes Internos, podrás aumentar la confianza en ti misma.

Dado que una mentalidad poderosa es la base de la perseverancia y del logro de cualquier objetivo, puedes empezar por aprovechar tu Superpoder Interno de las Palabras y elegir filtros de palabras que te fortalezcan. La forma en que piensas, sientes y actúas es el resultado directo de los filtros de palabras que eliges.

Da un paso atrás y mira el panorama completo. Examina los filtros de palabras que has estado utilizando cuando piensas en la situación. ¿Cómo puedes cambiar esas palabras para neutralizarlas y hacer que no sean una amenaza para ti?

Presta atención a cómo te has estado juzgando a ti misma y a las personas implicadas. ¿No te parece pesado y agobiante llevar esos sentimientos contigo? Puedes liberar ese peso innecesario y darte un nuevo comienzo recurriendo a tu Superpoder Interno del Perdón.

Perdónate por las cosas que hayas hecho (y las que podrías haber hecho pero no hiciste) que crees que han contribuido a esta situación. Esas cosas están en el pasado y puedes elegir un camino diferente para avanzar. También puedes elegir perdonar a los demás y liberarte de ese viejo vínculo con ellos que te retenía.

Examina los filtros de palabras que has estado utilizando cuando piensas en ti misma y en tus habilidades. Si has estado utilizando filtros de palabras que te hacen pedazos, puedes dejar de hacerlo ahora. En su lugar, empieza a centrarte en tus puntos fuertes y en las cosas que se te dan bien, aunque no estén relacionadas con este desafío en particular.

Sé amable contigo misma utilizando filtros de palabras que aumenten tu confianza, tu autoestima y tu seguridad en ti misma. Aprovecha tu Superpoder Interno del Amor y haz cosas que te relajen, te den energía o te motiven a dar lo mejor de ti. Recuerda incorporar el Superpoder Interno de tu Cuerpo en tu vida diaria. La forma en que te presentas influirá en gran medida en cómo te sientes con respecto a ti misma y a la situación. Practica mantener tu cuerpo en posiciones fuertes y abiertas para aumentar tu confianza.

Para perseverar, también necesitas conocer tu objetivo. Tal vez no tengas el resultado exacto en mente y eso está bien. Todavía puedes dar el siguiente paso si sabes la dirección que quieres tomar y tienes un hito o dos en mente.

Vuelve a mirar el obstáculo. ¿Qué resultados quieres crear? ¿Coinciden estos resultados con tus valores o con lo que es importante para ti? ¿Te sientes bien cuando piensas en lograr esos resultados? Crea un plan para superar tus obstáculos y transformarlos en oportunidades de crecimiento. Aprovecha tus Superpoderes Internos de Valentía e Imaginación y practica alcanzar tu objetivo con facilidad.

Recuerda que puedes practicar cualquiera de estos pasos en la seguridad de tu Estudio hasta que te sientas bien con ellos.

RECUERDA: *Cuando te centras en tus puntos fuertes y das pequeños pasos constantes hacia tus objetivos, aumentas tu confianza, y tu capacidad de perseverar se hace más fuerte cada día.*

Ya sabes cómo perseverar. Lo has estado haciendo desde que eras un bebé. Todo lo que tienes que hacer es poner un pie delante del otro, un paso de bebé a la vez, y te estirarás y crecerás de maneras que no podrías haber predicho o imaginado.

Nota: Para obtener una guía paso a paso sobre cómo crear objetivos y alcanzarlos con facilidad utilizando tus Superpoderes Internos, asegúrate de leer y completar los ejercicios del libro de trabajo complementario.

Autorreflexión

Dedica unos minutos a responder estas preguntas y a proponer ejemplos para lo siguiente:

1. Antes de leer este capítulo, ¿sabías que la perseverancia es una parte muy natural de quién eres y que has perseverado en muchas situaciones difíciles? ¿En qué te hace sentir diferente sobre ti misma el saber eso?

_____
_____
_____
_____
_____
_____
_____

2. Piensa en una ocasión en la que te hayas enfrentado a una situación difícil y te hayas rendido. ¿Qué filtros de palabras utilizaste? ¿Cómo te frenaron?

_____
_____
_____
_____
_____
_____
_____
_____
_____

3. Mira los filtros de palabras que escribiste para la segunda pregunta. ¿Cómo puedes cambiar esas palabras para neutralizarlas y hacer que no sean una amenaza para ti?

___

4. Piensa en tres casos en los que hayas perseverado a pesar de los desafíos. Escribe los detalles pertinentes.

___

5. Examina los tres escenarios que has anotado. ¿Qué cualidades o fortalezas adoptaste que te permitieron seguir adelante? ¿Qué filtros de palabras utilizaste? Anótalos. Estas cualidades y fortalezas te ayudarán a perseverar en futuras situaciones.

EXTRA: Cinco sencillos pasos para liberar tus emociones no deseadas

Paso 1: Identifica tus sentimientos

Para tomar el control de tus sentimientos, primero debes ser capaz de identificarlos. ¿Te sientes triste, decepcionada, irritada o enfadada? ¿Quizás te sientes insegura, preocupada o ansiosa? Sé tan específica como puedas con tu sentimiento único y evita generalizarlo todo como "enfadada", "triste" o "malo". En lugar de decir "malo", sé específico. ¿Estás asustada, herida, decepcionada o irritada? Para este ejemplo, digamos que te sientes asustada.

Paso 2: Califica tu sentimiento

Una vez que hayas identificado tu sentimiento, califícalo en una escala del 0 al 10, siendo el 10 el más fuerte. Por ejemplo: "Me siento asustada, y tiene la calificación de 8 sobre 10 (lo que muestra que te sientes asustada entre moderadamente o severamente)".

Paso 3: Localiza tu sentimiento

A continuación, identifica en qué parte de tu cuerpo sientes físicamente este sentimiento. Por ejemplo: "Me siento asustada y noto esa sensación en el estómago".

Paso 4: Identifica tu sensación física

Presta atención a cómo responde tu cuerpo y describe la sensación que notas. Tal vez sientas cierta opresión, pesadez o dolor. Tal vez sea un dolor sordo o una sensación de ardor. Tal vez te resulte difícil respirar o sientas un nudo en la garganta. Por ejemplo: "Me siento asustada. Tiene una calificación de 8/10 y se siente como un dolor agudo en el estómago".

Paso 5: Liberar tu sentimiento negativo

Tu respiración es poderosa y puede ayudarte a soltar tus emociones negativas rápidamente. Utilicemos el ejemplo de "Me siento asustada. Tiene una calificación de 8/10, y se siente como un dolor agudo en mi estómago", para demostrar cómo liberar tu emoción con tu respiración.

Empieza por cerrar los ojos y, por un momento, permítete sentir el dolor agudo en el estómago. Nota lo incómodo que es ese dolor agudo. Nota el cómo ese dolor agudo te impide tener un buen día.

A continuación, inspira lenta y deliberadamente mientras cuentas del uno al cuatro. Mientras cuentas lentamente, imagina que estás recogiendo el dolor agudo con tu respiración. A continuación, mantén la respiración mientras cuentas hasta cuatro para contener tu emoción. Finalmente, elige deliberadamente liberar el dolor con tu exhalación. Exhala con fuerza, dejando que el dolor se vaya a medida que el aire abandona tu cuerpo. Vuelve a inspirar lenta y profundamente e imagínate recogiendo aún más dolor. Aguanta la respiración una vez más hasta contar cuatro y, de nuevo, libera el dolor exhalando aún más profundamente y con más fuerza que antes.

Después de dos respiraciones profundas y deliberadas, deja que tu respiración se vuelva lenta y natural. Con cada respiración lenta que des, imagínate recogiendo más dolor. Con cada exhalación lenta, elige liberar el dolor.

Mientras continúas respirando lentamente, recogiendo y liberando tu emoción negativa, date estas órdenes, "Elijo dejar que este dolor (inserta tu sentimiento negativo aquí) se vaya. Me siento bien al dejar ir este dolor (tu sentimiento negativo). Me merezco dejar ir este dolor (tu sentimiento negativo). Merezco ser libre (o una emoción positiva diferente de tu elección)".

Después de un minuto más o menos, vuelve a evaluar tus sentimientos. ¿Cómo te sientes ahora? ¿Sigue existiendo ese viejo sentimiento, ha cambiado a un sentimiento diferente, o sigue siendo el mismo sentimiento, pero con mucha menos intensidad? Quizás ahora sea un dos en lugar de un ocho. Puede que incluso te sorprendas gratamente al ver que esa antigua sensación simplemente ha desaparecido.

Si todavía tienes alguna sensación negativa, señala su ubicación y califícala de nuevo. A continuación, vuelve a respirar profundamente dos o tres veces como antes, recogiendo y liberando las emociones negativas mientras lo haces. Continúa este ejercicio hasta que ya no sientas la sensación negativa. Tu objetivo es liberarte del sentimiento negativo y tomar el control de tus emociones. Al principio, puede que te lleve varios minutos. Sin embargo, cuanto más practiques, más rápido y fácil te resultará.

Puedes utilizar este ejercicio para liberar cualquier emoción no deseada, independientemente de su origen, en cualquier momento que desees.

Sobre el autor

Jacqui Letran es una autora galardonada, enfermera practicante y experta en confianza para adolescentes con más de 20 años de experiencia guiando a los jóvenes hacia una salud física y mental óptima.

Su serie de libros, Words of Wisdom for Teens (Palabras de Sabiduría para Adolescentes), ha sido galardonada con diechiocho premios y está considerada como una colección de libros de lectura obligatoria para adolescentes y jóvenes que luchan contra la baja autoestima, la ansiedad o la depresión.

A través de sus escritos, sesiones con clientes y conferencias magistrales, Jacqui enseña que el éxito y la felicidad son alcanzables para todos, independientemente de las luchas y circunstancias actuales. Jacqui es una líder talentosa y enérgica que dedica el trabajo de su vida a ayudar a los adolescentes a crear una mentalidad poderosa y resistente para ser felices y exitosos en la vida.

Una ávida aventurera, Jacqui pasa la mayor parte del año explorando los Estados Unidos en su autocaravana con su marido, 5 gatos y un perro. Cuando no está viajando, Jacqui puede ser encontrada tomando el sol y sonriendo en Dunedin, Florida.

www.ingramcontent.com/pod-product-compliance
Lightning Source LLC
Chambersburg PA
CBHW070420010526
44118CB00014B/1831